短程动力疗法

原书第 2 版

Brief Dynamic Therapy

（Second Edition）

〔美〕**汉娜·利文森** 著
Hanna Levenson

方红 林森 译
郭本禹 审校

重庆大学出版社

译丛序言

　　毋庸置疑，进入 21 世纪后，人类迅速地置身于一个急剧变化的社会之中，那种在海德格尔眼中"诗意栖居"的生活看似已经与我们的生活渐行渐远，只剩下一个令人憧憬的朦胧幻影。因此，现代人在所谓变得更加现实的假象中丧失了对现实的把握。他们一方面追求享受，主张及时享乐，并且能精明地计算利害得失；另一方面却在真正具有意义的事情上显示出惊人的无知与冷漠。这些重要的事情包括生与死、理想与现实、幸福与疾苦、存在与价值、尊严与耻辱，等等。例如，2010 年 10 月，轰动全国的"药家鑫事件"再一次将当代社会中人类心理的冷酷与阴暗面赤裸裸地暴晒在大众的视线之中。与此同时，我们的生活乐趣正在不断被侵蚀。例如，日益激烈的职业与生存竞争导致了现代社会中人际关系的淡薄与疏远，失业、职业倦怠与枯竭、人际焦虑、沟通障碍等一连串的问题催化了"人"与"办公室"的矛盾；家庭关系也因受到社会变革的冲击而蒙上了巨大的阴霾，代沟、婚变、购房压力、赡养义务、子女入学等一系列问题严重地激化了"人"与"家庭"的矛盾。人们的心灵越来越难以寻觅到一个哪怕只是稍作休憩、调适的时间与空间。在这种情况下，心理咨询与治疗已然成了公众的普遍需要之一，其意义、形式与价值也得到了社会的一致认可。例如，在 2008 年四川汶川大地震时，心理治疗与干预在减轻受灾群众的创伤性体验，以及灾后心理重建方面发挥了不可替代的作用。

　　值得欣喜的是，我国的心理治疗与咨询事业也在这种大背景下绽放出了旺盛的生命力。2002 年，心理咨询师被纳入《中华人民共和国职业分类大典》，从而正式成为一门新的职业。2003 年，国家开始组织心理咨询师职业资格考试。心理咨询师甚至被誉为"21 世纪的金领行业"[1]。目前，我国通过心理咨询师和心理治疗师资格证书考试的人有 30 万左右。据调查，截至 2009 年 6 月，在苏州持有劳动部颁发的国家二级、三级心理咨询师资格证书者已达到 2000 多人[2]；截至 2010 年 1 月，在大连拥有国家心理咨询师职业资格证书者有 3000 多人，这一数字意味着在当地每 2000 人中即有一名心理咨询师[3]。但就目前而言，我国心理治疗与咨询事业还存在着诸多问题。譬如，整个心理治疗与咨询行业管理混乱，鱼龙混杂，专业水平参差不齐，从而成为阻碍这一行业发展的瓶颈。"造成这一现象的原因尽管很多，但最根本的原因，乃是大陆心理咨询师行业未能专业化使然。"[4]因此，提高心理咨询师与治疗师的专业素养，已经成为推动这一行业健康发展亟待解决的问题。

[1]徐卫方.心理咨询师，21 世纪的金领行业［J］.中国大学生就业，2011（10）.

[2]沈渊.苏州国家心理咨询师人数超两千［N］.姑苏晚报，2009-06-07（3）.

[3]徐晓敬.大连每 2000 人即拥有一名心理咨询师［N］.辽宁日报，2010-03-24（7）.

[4]陈家麟，夏燕.专业化视野内的心理咨询师培训问题研究——对中国大陆心理咨询师培训八年来现状的反思［J］.心理科学，2009，32（4）.

对于普通大众而言，了解心理治疗与咨询的基本知识可以有效地预防自身的心身疾病，改善和提高生活质量；而对于心理治疗与咨询行业的从业人员而言，则更有必要夯实与拓展相关领域的专业知识。这意味着专业的心理治疗与咨询行业工作者除了掌握部分心理治疗与咨询的实践技巧与方法之外，更需要熟悉相应治疗与咨询方案的理念渊源及其核心思想。心理学家吉仁泽（Gigerenzer）指出："没有理论的数据就像没有爹娘的孤儿，它们的预期寿命也因此而缩短。"[1] 这一论断同样适用于形容心理治疗技术与其理论之间的关系。事实上，任何一种成功的心理治疗方案都有着独特的、丰厚的思想渊源与理论积淀，而相应的技术与方法不过是这些观念的自然延伸与操作实践而已。"问渠那得清如许？为有源头活水来"，只有奠基于治疗理论之上的治疗方法，才不致沦为无源之水。

尽管心理治疗与咨询出现的历史不过百年左右，但在这之后，心理治疗理论与方法便如雨后春笋，相互较劲似的一个接一个地冒出了泥土。据统计，20世纪80年代的西方心理学有100多种心理治疗理论；到90年代这个数字就翻了一番，出现了200多种心理治疗理论；而如今心理治疗理论已接近500种。这些治疗理论或方法的发展顺应时代的潮流，但有些一出现便淹没在大潮中，而有些则始终走在潮流的最前沿，如精神分析学、行为主义、人本主义、认知主义、多元文化论、后现代主义等思潮。就拿精神分析学与行为主义来说，它们伴随心理学研究的深化与社会的发展而时刻出现

[1] Gigerenzer, G. (1998) .Surrogates for theories.Theory & Psychology.8.

日新月异的变化，衍生出更多的分支、派别。例如，精神分析理论在弗洛伊德之后便出现了心理分析学、个体心理学、自我心理学、客体关系学派、自体心理学、社会文化学派、关系学派、存在分析学、解释精神分析、拉康学派、后现代精神分析、神经精神分析等；又如，行为主义思潮也飞迸出各式各样的浪花：系统脱敏疗法、满灌疗法、暴露疗法、厌恶疗法、代币制疗法、社会学习疗法、认知行为疗法、生物反馈疗法等。一时间，各种心理治疗理论与方法如繁星般以"你方唱罢我登场"的方式在心理治疗与咨询的天空中竞相斗艳，让人眼花缭乱。

　　那么，我们应该持怎样的态度去面对如此琳琅满目的心理治疗理论与方法呢？对此，我们想以《爱丽丝漫游奇境记》中的一个故事来表明立场：爱丽丝与一群小动物的身上被弄湿了，为了弄干身上的水，渡渡鸟（Dodo bird）提议进行一场比赛。他们围着一个圈跑，跑了大概半个小时停下来时，他们的身上都干了。可是，没有人注意各自跑了多远，跑了多久，身上是什么时候干的。最后，渡渡鸟说："每个人都获胜了，所有人都应该得到奖励。"心理学家罗森茨韦格（Rosenzweig）将之称为"渡渡鸟效应"，即心理治疗有可能是一些共同因素在发挥作用，而不是哪一种特定的技术在治愈来访者。这些共同的因素包括来访者的期望、治疗师的人格、咨访关系的亲密程度等。而且，已有实证研究证实，共同因素对治疗效果发挥的作用远远超过了技术因素。然而，尽管如此，我们认为，各种不同治疗取向的存在还是十分有必要的。对于疾病来说，可能很多"药物"（技术）都能起作用，但是对于人来说，每个人喜欢的"药"的味道却不一样。因此，每一对治疗师与来访者若能选择其喜爱的治疗方法来共同度过一段时光，岂不美哉？！而且，事实上，经验表明，在治疗某种特定的心理疾病时，也确实存在某些方法使用起来会比另外一些方法更加有效。

因此，在这个越来越多元化发展的世界中，我们当然有理由保持各种心理疗法的存在并促进其发展。美国心理学会（APA）在这方面做了大量工作。APA 对学校开设的课程、受读者欢迎的著作、广泛参与的会议进行了深入的调研，确定了当今心理治疗领域最为重要、最受欢迎、最具时代精神的 24 种理论取向；并且选取了相关领域的领军人物来撰写这套"心理治疗丛书"，这些领军人物不但是相关理论的主要倡导者，也是相关领域的杰出实践者。他们在每本书中对每一种心理治疗理论取向的历史作了简要回顾，对其理论进行了概括性阐述，对其治疗过程进行了翔实的展示，对其理论和疗效作出了恰当的评价，对其未来发展提出了建设性的展望。

这套丛书可谓是"麻雀虽小，五脏俱全"。整套丛书可以用五个字来概括：短、新、全、权、用。"短"是短小精悍，本套丛书每册均在 200 页左右，却将每种取向描述得淋漓尽致。"新"是指这套丛书的英文版均是在 2009 年及之后出版的，书中的心理治疗取向都是时下最受欢迎与公认的治疗方法。"全"是指这套丛书几乎涵盖了当今心理治疗领域所有重要的取向，这在国内目前的心理治疗丛书中是不多见的（甚至可以说是比较罕见的）。"权"是指权威性，每一本书都由相关心理治疗领域的领军人物撰写。"用"是指实用性，丛书内容简明、操作性强、案例鲜活，具有很强的实用性。因此，这套丛书对于当今心理咨询与治疗从业者、心理学专业学生以及关注自身心理健康的一般读者来说，都是不错的专业和普及读本。

这套"丛书"共24本，先由安徽人民出版社购买其中9本书的翻译版权，现由重庆大学出版社购买其中14本书的翻译版权。两社领导均对这套"丛书"给予高度重视，并提出具体的指导性意见。两个出版社的各位编辑、版贸部工作人员均付出了辛勤的劳动，各位译者均是活跃在心理学研究、教学和实践的一线工作者，具有扎实的理论功底与敏锐的专业眼光，他们的努力使得本套丛书最终能呈现在各位读者面前。我们在此一并表达诚挚而衷心的感谢！

郭本禹

2013年8月10日

于南京郑和宝船遗址·海德卫城

丛书序言

有人可能会认为，在当代心理治疗的临床实践中，循证（evidence-based）干预以及有效的治疗结果已经掩盖了理论的重要性。也许，是这样吧。但是，作为本丛书的编者，我们并不打算在这里挑起争论。我们确实了解到，心理治疗师一般都会采用这种或那种理论，并根据该理论来进行实践，这是因为他们的经验以及几十年的可靠证据表明，持有一种坚实的心理治疗理论，会有助于治疗取得更大的成功。不过，在具体的助人过程中，理论的作用还是很难以解释的。下面这段关于解决问题的叙述，或有助于说明理论的重要性。

伊索讲述了一则寓言，关于太阳和北风进行比赛，以确定谁最有力量。他们从天空中选中了一个在街上行走的人。北风打赌说他能够脱掉那个人的外套，太阳同意了这次比赛。北风呼呼地吹着，那个人紧紧地裹着他的外套。北风吹得越猛烈，他就裹得越紧。轮到太阳了。他用自己所有的能量照射出温暖的阳光，不一会儿，那个人就把外套脱了。

太阳与北风之间的脱衣比赛与心理治疗理论有什么关系呢？我们认为，这个貌似浅显的小故事强调了理论的重要性，理论引发了有效干预，从而得到令人满意的结果。离开了理论的指导，我们可能只治疗症状而没有理解个体的角色。或者，我们可能用尽力气反而令来访者冲突愈烈，却想不到，有时，间接的帮助手段（阳光）甚至比直接的帮助手段（风）更有效，或者效果相当。离开了理论，我们很可能会脱离治疗原理的轨道，陷入社会主流标准，懒于躬身乍看上去细微的小事了。

理论到底是什么呢？《美国心理学会心理学词典》（*APA Dictionary of Psychology*）将理论界定为"一种或一系列相互关联的原理，旨在解释或预测一些相互关联的现象"。在心理治疗中，理论是一系列的原理，应用于解释人类的思想或行为，包括解释是什么导致了人们的改变。在实践中，理论创设了治疗的目标，并详细说明了如何去实现这些目标。哈利（Haley, 1997）指出，一种心理治疗理论应该足够简单，让一般的心理治疗师能够明白，但也要足够综合，以解释诸多可能发生的事件。而且，理论在激发治疗师与来访者的希望，认为治愈是可能的同时，还引导着行动朝着成功的结果发展。

理论是指南针，指导心理治疗师在临床实践的辽阔领域中航行。航行的工具需要经过调整，以适应思维的发展和探索领域的拓展，心理治疗理论也是一样，需要与时俱进。不同的理论流派通常会被称作"思潮"，第一思潮便是心理动力理论（比如，阿德勒的理论、精神分析），第二思潮是学习理论（比如，行为主义、认知行为学派），第三思潮是人本主义理论（以人为中心理论、格式塔、存在主义），第四思潮是女性主义和多元文化理论，第五思潮是后现代和建构主义理论。在许多方面，这些思潮代表了心理治疗如何适应心理学、社会和认识论以及心理治疗自身性质的变化，并对这些变化作出了回应。心理治疗和指导它的理论都是动态的、回应性的。理论的多样性也证明了相同的人类行为能够以不同的概念化来解读（Frew & Spiegler, w2008）。我们编撰这套美国心理学会的"心理治疗丛书"时，有两个概念一直谨记于心——理论的重要性和理论思维的自然演化。我们俩都彻底地为理论以及每一个模型的复杂思想范畴所着迷。作为教授心理治疗理论课程的大学教师，我们想通过精心编辑的学习材料，向专业人士以及正在接受培训的专业人员强调主流理论的重要性，并向读者展示这些理论模型的最新发展。通常在关于理论的著作中，对原创理论家的介绍会盖过对模型进展情况的叙述。与此相反，我们的意图是要强调理论的当前应用情况，当然也会提及它们的历史和背景。这个项目一开始，我们就急需做出两个决定：选取哪些理论流派并由谁来撰写？我们查看了研究生阶段的心理治疗理论课程，看看哪些理论在列；我们也查阅了受欢迎的学术著作、文章和学术会议情况，以确定最能引起人们兴趣的是哪些理论。然后，我们从当代理论实践的最优秀人选中，列出了一份理想的作者名单。每一位作者都是他所代表取向的主要倡导者兼知名的实践者。我们请每一位作者回顾该理论的核心架构，然后通过循证实践的背景查看该理论，从而将它带进临床实践的现代范畴，并清晰地说明该理论在实际运用中情况如何。本套丛书计划涉及 24 个主题。每一本书既可以单独使用，也可以与其他几本书一起作为心理治疗理论课程的资料。通过选择导师可以创设出一门课程，介绍他们所认为的当今最卓著的治疗方法。为此，美国心理学会出版社（APA Books）还为每一取向制作了一套DVD，以真实的来访者案例实践来演示该理论。许多 DVD 都展示了六次以上的面谈。有兴趣者可以联系美国心理学会出版社，以获得一份完整的 DVD 项目清单。

关于心理动力治疗，有一个共同的假设认为，这是一种最适合长期患者的模型，但今日的心理治疗市场已越来越倾向于短期治疗。在《短程动力疗法》中，汉娜·利文森（Hanna Levenson）博士概述了一种符合短期治疗现实的心理动力实践模型，称之为限时动力心理治疗（time-limited dynamic psychotherapy, TLDP）。利文森博士将这一取向置于其他短程形式的心理治疗背景之中，展示了其在短时间里可能发生的重大变化。利文森博士通过使用临床实例和借鉴关于短程治疗效果的研究，解释了这种综合的共情性取向。本书第二版对研究文献进行了更新，并对该取向的情感转化和结果有效性进行了新的讨论。读者将从这本具有实用性的著作中获益良多，它为短程、聚焦、深刻、高效的短期心理动力临床工作提供了清晰的步骤。

——乔恩·卡尔森和马特·恩格拉-卡尔森

（Jon Carlson，Matt Englar-Carlson）

C
ONTENTS
目录

导言

CHAPTER ONE

什么是短程治疗?

为了给界定短程治疗打好基础，我想说一个发生在大约40年前的故事，那时我刚开始真正从事临床心理学工作。当时我受雇于一个老兵事务医疗中心，正准备启动一个项目，旨在培训从业第三年的精神科住院医生以及攻读心理学博士学位的实习医生如何做短程治疗。那个时候，精神科门诊部里面挤满了前来寻求帮助的越南老兵。那些在此之前一直长时间（有时候是几十年）照看其患者的临床医生开始觉得筋疲力尽。他们的就诊名单上，患者的名字越来越多，但却没有一个人终止治疗。当时的门诊部主任对我进行招聘面试时，他让我了解到了一点，即尽管看似有必要采取更为短程的干预形式，但这些形式"一点作用也起不了，因为在这些老兵看来，老兵事务中心就是他们的家"。这可不是开始一份新工作的吉利方式！

那个时候我所采取的培训模式设置了一个20次面谈的上限——这不是完全出于某种理论的原因，而主要是因为这些受训者在这里轮流的时间为6个月。我估计，在这么长时间内，受训者与来访者将有大约20个星期的可用时间进行治疗。整个培训设计都与这种限时治疗的性质相呼应，我们还同步开展了为期21个星期的每周一次3小时的研讨会/评议会。

我在老兵事务医疗中心待了20年，领导了后来为人们所熟知的老兵短程治疗项目（VA Brief Therapy Program）。在这20年内，有几百名受训者（以及一些工作人员）完成了这个项目。当我从老兵事务医疗中心退休时，我依旧使用这种包括 20 次面谈的模型。不过，我那些在其他老兵精神科住院部、门诊部的同事提供的大多数治疗的时间已经变得越来越短，其原因都是相同的，即经济（"成本效益"）缘故，这导致私营部门中的治疗变得越来越短程。随着时间的流逝，我的同事们经常会将一些复杂的病例转介到短程治疗项目，他们知道，与其他任何地方相比，那些来访者在我的"短程"项目中会得到更长时间的照看。我讲这件事主要想表达的是，从某种程度上说，人们对于"短程"的含义通常是见仁见智的（并反映在时代精神中）。

　　为了更进一步地强调这一点，我想分享自己最早做的一个短程治疗案例，当时我还是一家以精神分析取向、长期治疗而闻名的培训机构中的一名实习医生。在进行了 2 次面谈后，我需要告诉这位来访者我只能再给她看 3 个月的时间。我一遍又一遍地练习说这句话，以免我的声音暴露出内心的愧疚——觉得自己没有给她"足够的治疗"。当我终于鼓起勇气告诉她的时候，她大声地叫了起来："真的需要那么长的时间吗？"

每个人都做短程治疗

　　如果你是一名从业的治疗师，或者正在学习成为一名治疗师，那么我想你大概率从事的是短程治疗。在一项针对将近 4000 名心理健康专业人士的全国性调查中，利文森和达维多维茨（Levenson &

Davidovitz, 2000）发现，近 90% 的心理学家都从事某种形式的有时间限制且聚焦的治疗，而心理动力取向治疗师所做的短程治疗占美国全部有计划的短程治疗的四分之一。[1]此外，每个人都会从事计划之外的短程治疗，因为大多数来访者都会选择在治疗中待较短的时间，而不管治疗师是否有其他的想法。例如，奥尔夫森和平卡斯（Olfson & Pincus, 1994）发现，在美国，70% 的门诊病人都只与治疗师面谈 10 次或者更少的次数。多年来，有充分的证据表明，大多数接受治疗（甚至是那些长期、开放式的治疗）的人到第八次面谈时会中途退出（Phillips, 1985; Rau, 1989; Wierzbicki & Pekarik, 1993），治疗时长的中位数大约是 6 次面谈（Garfield, 1994）。正如穆兰（Muran）及其同事（2009）所说"这些如此之高的中途退出率都比得上 50 多年前了"（第 234 页）。布德曼和古尔曼（Budman & Gurman, 1988）称这些过早发生的终止（premature termination）为默认的短程治疗（brief therapies by default）（与设计的短程治疗相对应）。我们常常会忘记一点，即早在第三方付款人开始给治疗设定时限之前很长时间，来访者自己就给治疗设了时限。[2]

  大多数前来寻求治疗的人都处于情绪痛苦的状态中，他们希望

---

[1] 不过，这并不意味着这些治疗师感觉自己有能力从事短程治疗。事实上，利文森和达维多维茨（2000）发现，有一半心理学家在从事短程治疗时从未进行过关于这一主题的课程学习。而且，与他们那些信奉其他取向的同事相比，从事短期工作的心理动力治疗师对此不如前者那么熟练，不像前者那样受过专门训练。

[2] 斯威夫特、卡拉哈姆以及莱维内（Swift, Callahan & Levine, 2009）在一篇文章对"过早发生的终止"的定义进行了理论探讨和实证研究综述。例如，"脱落者"的界定可能基于以下标准：来访者没有完成规定的治疗次数，治疗师的判断，或者是来访者没有达到临床上的改善而退出治疗，从而将某位来访者看做是一位"脱落个案"。当学者使用"来访者在取得临床上的显著改变之前中断治疗"这一标准时，他们发现，脱落率为 77%。

可以尽快地缓解这种痛苦。他们既不会着迷于自己的心灵世界，也不会追求心理健康的尽善尽美。有时候，来访者所体验到的想要立即减轻痛苦的需要，与其治疗师所设定的"问题解决"目标并不一致。通常情况下，在开放式的治疗中（在这些治疗中，来访者不知道目标是什么，他们也不知道这个治疗过程将如何使其受益），来访者的感觉像是在随波逐流。他们经常会问这样的问题："我们接下来要做什么？""我们现在正在做什么？""我有好转吗？"

说完这一点，我有必要重点说一下短程治疗可以有多短。"自心理治疗出现之日起，人们最常问的问题之一是，'做多长时间的心理治疗才算够'"（Cameron, 2006，第 147 页）。我们今天在谈到短程动力心理治疗时，通常认为的时间框架在 8 ~ 25 次面谈（Koss & Shiang, 1994; Shapiro et al., 1994）。这与人们通常所说的超短程治疗（ultra brief therapy）或管理式医疗（managed care）的治疗肯定是有区别的。在对一个包含 6000 多名患者的全国数据库进行分析时，汉森、兰伯特和福曼（Hansen, Lambert & Forman, 2002）发现，那些通过管理式医疗组织或者员工援助项目接收的患者，其平均的面谈次数竟然不到 5 次！正如利文森和伯格（Levenson & Burg, 2000）在其关于管理式医疗年代如何训练心理学家的讨论中所说，这些超短程治疗的经验基础很薄弱，或者说没有得到任何支持。因此，读者们应该谨记这一点，即我在谈到短程动力治疗时，所指的是那种依赖于发展一种有意义的治疗关系的治疗。[1]不过，

---

[1] 尽管有一些关于将短程动力治疗用于团体和夫妻的文献，但我在本书中将关注的焦点放在了个体心理治疗上。

短程动力治疗的内涵远不止时间限制这一点。它既不是长期治疗的压缩版，也不是在你无法做"真正的"（即长期的）治疗时所采用的治疗。接下来的部分将详细地阐述作为短程动力治疗核心的参量。

界定短程动力心理治疗的核心特征

我们在谈论短程动力心理治疗时，所指的是什么？是否存在为短程动力心理治疗所共有，但同时又能够将其与那些更为开放或更为长期的模型区别开来的本质特征？多年前，我（Levenson & Butler, 1994）曾对所能找到的谈及这一主题的众多出版物进行了一次内容分析。在最近为撰写本书而对关于这一主题的更为新近的文章、章节以及著作进行了回顾后，我发现，其核心特征与既往研究结论高度一致。其中一些特征在文献中一次又一次地被提及，因此可视为界定短程动力心理治疗的关键因素；其他的特征则不常被提到，似乎更为边缘化一些。[1] 我们可以将这些特征概念化为对短程动力心理治疗的一种达成共识的操作性定义，而且我们还可以将其归入以下这两大类别：涉及短程治疗本身的核心特征，以及那些与心理动力方面（psychodynamic aspects）关系密切的特征。

---

[1] 不过，有一位学者（Binder, 2004）已经开始质疑这些特征是否为限时取向所特有，他认为，这些特征是好的心理治疗共有的特征，而与疗程长短无关。尽管我基本上赞同宾德（Binder）的观点，也认为一种实施得当的短程动力心理治疗从根本上说是好的、合理的治疗，不过值得注意的是，与长期治疗取向相比，短程动力取向往往会设定更为有限的治疗焦点和更为明确的目标。

为了使治疗更为短程而作的修正

有限的治疗焦点和目标

将短程动力心理治疗与长期动力心理治疗区别开来的主要因素是其有限的关注焦点。甚至在提到时间概念之前，学者们就已经一致认为，"清晰地阐明一个或多个临床焦点，是所有短程心理治疗取向的标志性特征"（Messer & Warren, 1995, 第 126 页）。在时间有限的情况下，治疗师需要一个中心主题、话题或问题来引导治疗工作。尤吉·贝拉（Yogi Berra）是纽约扬基队的前棒球接球手，因其特有的语言风格而被大众所熟知，他抓住了这一特性的本质，他说："如果你不知道自己将去向何处，那么你最终将会去向其他地方。"

约瑟夫·魏斯（Joseph Weiss, 1993）在他关于如何进行心理治疗的著作中明确地写到了这一点：

当我还是旧金山精神分析研究所的一名学生时，一位著名的老师建议我不要阐释患者的问题，尤其是在治疗开始的时候。他认为，一般情况下，只有经过一段较长时间的探索之后，才有可能对一个案例进行阐释，因此，如果治疗师过早形成关于患者的假设，那他恐将陷入思维早闭的窠臼。**现在，我认为他这个建议是错误的**。（黑体表示着重强调，第 70 页）

宾德（Binder, 2004）曾在他的杰作中概述了短程动力心理治疗师的能力，他敏锐地捕捉到了 2 种不同的、与聚焦有关的治疗技能。第一种技能是辨别治疗工作焦点的能力，第二种技能是在整个治疗过程中追踪和维持这一焦点的能力。

与治疗焦点相关但却有所区别的是"有限目标"这个概念。短程动力心理治疗的目标并不是一劳永逸地"治愈"。确切地说，这种治疗认为，应该给来访者提供一个机会以促进其行为、思想及情感发生某些改变，使其能够形成更具适应性的应对方式，改善人际关系，并能更好地认识自我。人们常常将短程动力治疗看作是开始一个改变过程的机会，这种改变（理想情况下）在治疗结束之后的很长一段时间内还会继续。显然，治疗师和来访者都需要认同这种局限性。

时间限制与时间管理

当然，要将一种取向界定为短期的、短程的或有时间限制的，时间长短是一个明显的变量。时间问题是第二个最常被提及的短程治疗的标准。大多数现代短程动力临床医生将 12 ~ 20 次面谈设定为短程治疗的上限（Barber et al., 2013, Levenson, 1995）。通常情况下，人们会根据概念将时间的限制（limiting）或定量配给（rationing）用来加速治疗工作，这种加速要么通过提高患者对于有限时间和生命有限等存在性问题的意识（例如, Mann, 1973），要么通过鼓励治疗师的活动和对于某一焦点的坚持（例如, Horowitz & Marmar, 1984）来实现。

尽管对于心理动力取向的短期治疗师来说，最为惯常的做法是使用传统的每周"1小时"（实际上是50分钟），但许多人还是对面谈的频率、持续时间和次数进行了实验研究。短程动力治疗师已经感觉到，限制治疗时间的长度可以促进个性化、自主性和积极预期的发展。此外，还有一些引人兴趣的证据表明，设定时间限制事实上可以鼓励那些在开放的治疗中也许会"过早"终止治疗的来访者，接受更长时间的治疗（Hilsenroth, Ackerman & Blagys, 2001）。

最近，短程动力治疗师逐渐摒弃了单纯以治疗时长为核心的概念框架，转而致力于提升每次会谈的实效性，而不管整个治疗的时间长短。这些模型被归类为时间－关注（time-attentive）模型或时间－效率（time-efficient）模型，在这些模型中，"短程"（brevity）概念更多的是指治疗师内心的一种态度，它会对治疗工作产生影响。而且，短程治疗师通常满意于这样一种想法，即在来访者的整个生命周期中向其提供短时期的帮助（Budman & Gurman, 1988; Cummings, 1995）。例如，我已经从业足够长的时间（40年），因此，我看到过一些来访者在其生命的不同阶段接受过3次或4次不同的短程治疗。

不幸的是，由于当今经济的紧缩，治疗中越来越多地使用时间限制——出于行政管理和费用的原因，而不是出于治疗的原因。在最糟糕的情况下，对于来访者要接受多少次面谈，也许没有治疗方面的依据——这些决定完全是由经济方面的底线所推动（Levenson & Burg, 2000）。

选择标准

在短程动力心理治疗领域，患者筛选标准的重要性是一个有争议的话题。在精神分析史的早期，随着精神分析治疗的时间变得越来越长，弗洛伊德（Freud, 1953）提出了将治疗时间缩短的可能性，不过这只适用于心理相对健康的患者。因此，早期的短程动力治疗从业者强调严格的患者筛选标准（例如，选择那些具有心理洞察力的、动机水平高的、智力高于平均水平的患者）。当前的短期治疗师倾向于采取过程导向的工作模式，根据治疗工作的进展判断是否需要延长治疗的时间。

治疗师的主动性

短程动力心理治疗要求治疗师积极参与治疗过程。然而，这种积极主动仅需保持在必要的范围内，即确保治疗焦点不偏离、促进良性治疗联盟，并在限定时间内取得进展。因此，治疗师的主动性的本质与前面所提到的治疗焦点、时间要素等方面密切相关。许多临床医生在学习短程治疗技术时，常常将治疗师的主动性混淆为面质（confrontation）、给建议（advice giving），以及 / 或者无保留的指导（outright direction）。更为确切地说，治疗师的主动性包括一种对于治疗工作的目标以及如何实现这些目标的计划的清晰认知，同时还要对来访者所呈现的内容以及临床材料的来龙去脉保持敏感。因此，治疗师的主动性范围很广，从支持性干预（supportive interventions）（例如，给予安慰、加强适应性防御）到根据治疗过程中出现的一些因素（例如，治疗联盟的强度），以及来访者特征（例如，心理健康状况、人际关系质量）而采取的更具探究性的（exploratory）干预（例如，解释、面质），都属于其活动范围。

治疗联盟

很长时间以来，研究一直证明，治疗联盟的强度，尤其是从患者的视角所看到的治疗联盟的强度，是预测结果的主要因素之一（Horvath, Del Re, Flückiger & Symonds, 2011; Martin, Garske & Davis, 2000, Zilcha-Mano, Dinger, McCarthy & Barber, 2014）。尽管不同的研究者对于"治疗联盟"的界定多少有些差异，但通常都认为，治疗联盟包括治疗师与来访者之间的情感联结，以及就治疗目标和实现治疗目标的手段达成的一致意见。有研究已经表明，在治疗的早期，治疗联盟的质量可以预测来访者是否会脱落，以及治疗中所完成的"工作"量（例如，Piper et al., 1999）。海诺宁（Heinonen）及其同事（2014）发现，那些具有吸引人的鼓励性关系风格的治疗师能够促进工作联盟的形成，在短期治疗中更是如此。因此，尽管在所有的治疗中尽快形成积极的联盟都很重要，但在短程治疗中这一点尤为重要，因为短程治疗师可能没有太多机会来修补治疗关系中出现的裂痕。

快速评估 / 及时干预

治疗师还必须具备阐释来访者的案例并快速开始干预的能力。

当我在前面提及的那家以其精神分析培训项目而闻名的机构中实习时，我们在接受一位来访者并对其进行治疗之前，大约要花 3 个月的时间才能了解其完整病史和心理动力。现在，3 个月的时间都足以建构起一次完整的治疗所需的整个时间框架了。

终止

短程治疗师必须愿意以一种经过深思熟虑的方式来终止对来访者的治疗。因为治疗是短期的，因此终止从一开始就与治疗工作交织在一起。如果一次短程动力治疗的终止处理得不好，那么，之前做得很好的那些治疗工作可能就会被毁掉。针对治疗的最后阶段进行培训是一件至关重要的事情。不过，根据我的经验，许多学员（甚至是那些几乎快要完成其专业教育的学员）竟从未经历过一个案例从开始、中间过程到有计划的结束的全过程！

乐观主义

在《短程心理动力治疗模型》（*Models of Brief Psychodynamic Therapy*）一书中，梅瑟与沃伦（Messer & Warren, 1995）思考了一个问题，即为什么关于人类现实的精神分析观点更为"悲观"（该观点将人看作是陷于困境、遭受痛苦的），而更为短程的取向则被描述为一种更具"喜剧性"的见解。"短程治疗师通常以一种更为乐观的精神来对待治疗，他们相信在所设定的时间限制内会发生一些有价值的改变"（第 42 页）。

　　我和我的同事们对从事短期治疗和长期治疗的治疗师的态度进行了对比（Bolter, Levenson & Alvarez, 1990），发现短程从业者更可能相信心理变化会发生在治疗之外，而且他们相信设定时间限制会加强治疗工作。在另一项研究中，利文森和博尔特（Levenson & Bolter, 1988）在一次为期6个月的限时动力心理治疗培训前后，对精神科住院医生和心理学实习医生的价值观及态度进行了分析，他们发现，在接受培训之后，学员们更愿意考虑使用短程治疗，对于获得有意义的洞察持更为积极的态度，更加期望这些有益的影响将长时间存在，同时，他们不太可能像以前那样认为有必要进行广泛的"修通"（working through）。除此之外，他们还更愿意保持积极主动的状态，更愿意相信来访者在治疗结束之后还会继续改变。同样，在经过为期一天关于该主题的专题讨论会之后，经验丰富的治疗师们对于短程治疗的态度也变得更加肯定和乐观（Neff, Lambert, Lunnen, Budman & Levenson, 1996）。

契约

　　短期动力治疗与长期动力治疗之间的最后一个主要区别在于，短程动力治疗师会与来访者订立一份治疗契约。这份契约"既不是法律上的，也不一定要白纸黑字地写下来"（Hobbs, 2006，第120页）。这样一份契约的具体程度视具体情况而定，但最起码在治疗一开始就能够让人理解，这项治疗工作将有时间上的限制，以及/或者范围上的聚焦。

对精神分析概念与技术的修正

短程动力治疗依赖于主要的精神分析概念和心理动力概念，如儿童期经验和成长经历的重要性、行为的无意识（或意识之外的）决定因素、冲突的作用、移情－反移情现象、治疗联盟及重复性行为等。不过，后现代的短程动力治疗师避开了高度推论性的精神分析概念（例如，俄狄浦斯情结、心理性欲发展阶段）。

此外，短程动力治疗师还更可能强调来访者在应对现实生活问题方面的优势与资源，而不是促成退行与幻想。因此，他们并不使用像自由联想或躺在长椅上这样的精神分析方法。对于精神分析技术的另一个主要的修正是，更强调来访者生活的此时此地（here-and-now），而不是儿童期的彼时彼地（there-and-then）。在许多现代短程治疗师看来，解释（interpretation）（尤其是移情性解释）所起的作用已不再那么重要，而洞察（insight）虽然仍很重要，但也不再将其看作是一种万能药。[1]

研究者不仅对传统的精神分析干预进行了修正，还合并了来自其他理论取向的技术，如体验－过程治疗、认知－行为治疗等（Abbass, 2015; Fosha, 2000; Lilliengren et al., 2016; McCullough & Magill, 2009; Safran & Muran, 2000）。在短程动力治疗中，由于不再排他性地使用动力技术，因此也就不会完全根据心理动力理论来

---

[1] 不过，关于什么是"洞察"的界定相当复杂。读者可以参考路易斯·卡斯顿圭和克莱拉·希尔（Louis Castonguay & Clara Hill, 2007）所编辑的一本关于心理治疗中的洞察的著作，以获取更多的信息。

理解来访者。短程动力治疗师也许会根据心理动力学来进行思考，但他可以很自由地使用各种不同的干预策略。在下一章节，我们将会在一个历史的背景中介绍这些（以及其他的）修正。

概要与宗旨

概言之，我们可以将短程动力心理治疗描述为是有时间期限的治疗，在这种治疗中，治疗师会积极主动地维持一个有限的焦点和有限的治疗目标，同时他们还会使用一个基本的、从心理动力学中衍生出来的概念框架，但使用的治疗技术非常广泛。

尽管我已经呈现了一些将短期取向与长期取向区分开来的一般特征，但"短程动力心理治疗"并非单一疗法体系。正如我们将在后面章节清楚看到的，这一治疗范式实则涵盖多种技术流派。为了努力使这些短程动力治疗概念让读者读起来感觉是鲜活的，我在这整本书中所指的是一种特定的短程动力治疗——限时动力心理治疗（time-limited dynamic psychotherapy, TLDP）——以演示如何在这种治疗框架下进行阐释与干预。我的意图是，将 TLDP 作为一种媒介，用以向读者介绍短程动力取向对于现今从业的临床医生的适用性。从临床（Levenson, 1995, 2003; Levenson & Strupp, 2007）、培训（Levenson & Burg, 2000; Levenson & Evans, 2000; Levenson & Strupp, 1999）以及实证研究（Levenson & Bein, 1993; Levenson &

Overstreet, 1993）的视角看，TLDP 都是我相当熟悉的一种模型。它是一种综合的短期取向，与具有时效性的临床工作的主要原理交织在一起。我希望 TLDP 将能够捕捉到短程动力心理治疗所能提供的广度和深度。

2 历史

正如人们通常所说的，短期动力治疗的历史相当悠久。从一种历史的、概念的角度看，我们可以很便利地将短程动力心理治疗分为"几代"（Crits-Christoph, Barbe & Kurcias, 1991）。和所有世代一样，惯常的行事风格会流传下来，为人们所接受，成为受人们喜爱或毋庸置疑的传统，之后，这些传统会受到"妄自尊大的年轻一代"的挑战，并被其取代。在本章，我将对这样的四代做一个叙述，并以此追溯短程动力心理治疗思想与实践的发展。正如福沙（Fosha, 1995）以独创的视角提出的，我们还可以将这四代的历史描述为"一段逐渐打破禁忌的历史，（其中）每一步都必须面对和打破一种不同的精神分析禁忌"（第 297 页）。[1]

第一代：弗洛伊德及其追随者与精神分析

当代短程动力心理治疗的理论根基可追溯至弗洛伊德的工作。事实上，鲍尔和科博斯（Bauer & Kobos, 1987）曾明确地提出"在弗洛伊德拒绝承认催眠是一种有效的治疗技术时，短程心理治疗就诞生了"（第 13 页）。弗洛伊德早期所做的治疗中有一些是短期治疗。布鲁诺·瓦尔特（Bruno Walter）是一名著名的乐队指挥，

---

[1] 要想获得更多关于短程动力心理治疗早期历史的信息，读者们可以参阅马莫尔（Marmor, 1979）、梅瑟和沃伦（Messer & Warren, 1995）、克里蒂斯－克里斯托夫、巴伯和库尔恰斯（Crits-Christoph, Barber, & Kurcias, 1911）、鲍尔和科博斯（Bauer & Kobos, 1987）的综述及原著。

他曾在自传中写道，弗洛伊德在 1906 年用了 6 次面谈的时间成功地治愈了他右臂的部分瘫痪（Walter, 1940）。据报告，弗洛伊德曾给瓦尔特开了一个处方，建议他休几天假，然后他就可以回去继续从事他的指挥工作了（Sterba, 1951）。当瓦尔特提出抗议，说他如果在舞台上不能指挥就会感到很尴尬时，弗洛伊德说，他将承担全部的责任。还有一次是在 1908 年，据说，弗洛伊德用了一次面谈的时间（即在维也纳的一个公园里散了 4 个小时的步）就把作曲家古斯塔夫·马勒（Gustav Mahler）的阳痿问题给治好了（Flegenheimer, 1982; Jones, 1955）——这赋予了人们常说的"就是在公园里散了会儿步"这句话以新的意义。甚至弗洛伊德时代的训练分析通常也是在一年内完成。在此期间，弗洛伊德这位短程治疗师使用暗示、宣泄以及教育实现了精神分析的主要目标——让无意识内容变成有意识的（Freud, 1946b）。

不过，当弗洛伊德不再像先前那样热衷于这些主动的干预时，他采取了一种更为被动的态度，治疗也变得不如以前那样聚焦了。结果，治疗的时间变得越来越长。精神分析的理论变得更加复杂与详尽，分析的目标也变得更有雄心。而这些也增加了治疗所需的时间。当弗洛伊德从依赖于宣泄转变为越来越依赖于自由联想时，正如达旺洛（Davanloo, 1986）所指出的，这是"灾难性的一步"。

一直以来，几乎所有试图扭转这一趋势并发展出一种有效的短期心理治疗技术的尝试，其基础都是收回一些控制权，并将更多的

（对于治疗的）动机力量放入治疗师的手中。（第 108 页）

同样，马兰（Malan, 1980）也观察到：

我们有必要明确指出一点，即在本世纪初，弗洛伊德无意之中做出了一个错误的转变，这个转变给心理治疗的未来带来了灾难性的后果。这使得治疗师只能以业已增强的被动性来应对日渐增加的阻抗——最终，患者采取了自由联想的技术，而治疗师的角色成了"被动的回音板"，其注意力可以自由漂移，而且有无限的耐心。（第 13 页）

不过，弗洛伊德在去世前对于这些"没有止境的"分析的有效性也感到非常失望，他总结说，"这是一件冗长的事"（Freud, 1964a），有时候，结果还会让人失望。

福沙（Fosha, 1995）认为，精神分析打破了仅限礼貌社交对话的禁忌。弗洛伊德深入研究了无意识心理的深层领域，探索了性驱力、攻击驱力和幻想，自此，世界就不再一样了。格罗特雅恩（Grotjahn, 1966）曾相当富有诗意地提出，"可以说，西格蒙德·弗洛伊德扰乱了这个世界的美梦"（第 47 页）。

我想将福沙的禁忌打破（taboo breaking）概念用于其他的短程治疗先驱者与从业者。[1] 通过这种方式，我们便可以满怀希望地

---

[1] 我很感谢戴安娜·福沙（Diana Fosha）允许我以这种方式使用她的禁忌概念（私人交流，2008 年 12 月 5 日）。

清楚看到，这些创新者是怎样致力于（重新）发现以及设计能够更
为有效、高效地减轻其患者苦痛的策略与技术，即使这意味着将违
背规定的、业已确立的精神分析原理（"精神分析的纯金"）。

　　桑多尔·费伦齐（Sandor Ferenczi, 1920/1950）挑战了许多精
神分析的禁忌。首先，他批评了治疗师的被动态度。作为与弗洛伊
德同时代的人，他看到，"正如我们今天所使用的，精神分析是一
种以被动性为其最显著特征的方法"（第 199 页）。他认为，解释
这种技术并不是一种足够强有力的改变动因，他认为，治疗师必须
更为直截了当。他不仅鼓励患者进行一些先前所避免的活动，而且，
他还禁止其做出一些特定的行为（例如，仪式化行为）。费伦齐将
他的"主动治疗"比作是使用"助产钳子"（1920/1950，第 208 页）。
除了相信治疗师有必要更为直截了当之外，他还强调患者 – 治疗师
关系中需保持坦诚、共情和民主（Rachman, 1988），这一理论前
瞻性地融合了客体关系理论、自体心理学以及社会公正治疗中的许
多内容。

　　费伦齐的一个同事奥托·兰克（Otto Rank, 1929/1936）打破
了 2 个重要的精神分析禁忌。第一个是给治疗设定时间限制，这最
初源于他的出生创伤（birth trauma）概念。如果病理症状的出现不
仅仅是由于没有充分地解决好俄狄浦斯冲突，同时也与分离、个体
化这些早期的发展问题有关，那么，设定时间限制就可以帮助患者
应对其分离焦虑。第二个短程治疗理论根源来自兰克对患者的改变
动机的评估——他的意志（will）概念。阻抗不再被看作是某种消

极的、需要通过解释来克服的东西，而是从一种积极的视角，将其看作是个体的一种力量。正如兰克的传记作者杰西·塔夫托（Jessie Taft, 1958）所写，"这种以'意志'为焦点的分析取向最终让兰克摆脱了弗洛伊德学派的桎梏，将他从把家族史的生物学发展细节视为分析程序的核心以及传统的精神分析术语学中解放了出来"（第145 页）。由于他所做出的贡献构成了许多现代取向的支柱，马莫尔（Marmor, 1979）提出，"我们有很充分的理由将兰克视为短程动力心理治疗运动最为重要的历史先驱者"（第 150 页）。

1925 年，费伦齐与兰克出版了《精神分析的发展》（*The Development of Psychoanalysis*）一书，他们在书中大力主张时间限制、治疗焦点、治疗师的主动态度，以及患者的情绪体验的重要性。即使用今天的标准来看，这两位学者为短程动力心理治疗所做的贡献也依然具有创新性，对当前的各种动力取向来说也非常重要。如果我们从精神分析禁令这个角度来看费伦齐与兰克，那他们就像是闯入禁忌实体瓷器店中的公牛。自此，便不再有一位情感淡漠的治疗师在进行一种漫无止境的治疗了。与其一起消失的，还有关于治疗师自我暴露和坦承真挚情感的禁忌。不用说，他们的这些观点不会受到弗洛伊德以及那个业已确立的分析圈的热烈欢迎，后者会将他们的观点看作是对传统治疗态度的威胁。这种强烈的负面反应在很多年的时间里阻碍了之前很有前景的短程治疗的发展道路。

在弗洛伊德于 1939 年去世后的几年，出现了另一个对经典精神分析的严重挑战。在其创新性著作《精神分析治疗：原理与应用》（*Psychoanalytic Therapy: Principles and Applications*）中，亚历山大与弗伦奇（Alexander & French, 1946）对治疗结果与治疗时间长度之间假定的关系提出了怀疑。他们的建议非常明确具体，而且他们的著作最终产生的影响也非常大，以至于我将其看作是第一本短程治疗手册。亚历山大与弗伦奇质疑了当时非常盛行的一种假设——即分析师通过解释的方法揭露被压抑的记忆是一个至关重要的环节。他们认为，心理治疗师应该为其患者提供一种矫正性情绪体验（corrective emotional experience）。在对一个具体的案例进行评论时，他们总结道：

> 患者必须先体验到一种新的父子关系才能放弃旧有的父子关系。不能将其作为一种智力练习来施行；必须让患者去经历，也就是说，让患者去感受到这种体验，这样它就能成为患者情绪生活中必不可少的一部分。只有这样，患者才能改变他的态度（Alexander & French, 1946，第 63 页）。

此外，亚历山大与弗伦奇还提倡治疗师的变通性，以及对治疗时间长短与频率的调整。这些策略调整旨在防止患者出现被动性依赖，以及因补偿不能而对分析师表现出强烈的婴儿期情感与冲突（即，移情性神经症）。这些观点在精神分析业内引起了强烈的争论，而且与兰克和费伦齐一样，亚历山大与弗伦奇的贡献也被忽略了很多年。亚历山大与弗伦奇所打破的禁忌是多方面的。因此，一些主要的现代治疗模型可以追溯到他们关于提供一种矫正性情绪体验的观点，以及对治疗策略与治疗时间长短进行变通的观点。格罗特雅恩（Grotjahn, 1966）进一步扩展了他所观察到的结果——如果说弗洛伊德扰乱了这个世界的美梦，那么，"弗朗兹·亚历山大就是扰乱了精神病学家与精神分析学家的美梦"（第 390 页）！

第二代：短期动力心理治疗

在这个阶段（大约从 1960–1980 年），短程动力治疗开始成为一种合法的治疗方法。伦敦塔维斯托克诊所的大卫·马兰（David Malan）、加拿大蒙特利尔总医院的哈比卜·达旺洛（Habib Davanloo）、波士顿麻省总医院的彼得·西夫尼奥斯（Peter Sifneos）以及波士顿大学医学院的詹姆士·曼（James Mann）被人们视为第二代的主要代表人物。正如梅瑟和沃伦（1995）所指出的，这一代人的目标是通过缩短治疗时间的方式来使用解释、澄清等精神分析技术。

马兰的取向最初被称为焦点治疗（focal therapy），后来改称为密集型短程心理治疗（intensive brief psychotherapy），据我所知，这是第一种使用"短程"（brief）一词的主要取向（通常需要20 ～ 40 次面谈的时间）。马兰（1976）认为，"通过一种主动解释技术（这种技术包含全面分析的所有基本要素），可以使相对严重、慢性的疾病产生深远的变化"（第20页）。像在他之前的费伦齐一样，马兰也认为分析师的被动性是导致冗长分析的主要原因，而对抗这种被动性的一种方法是找到治疗的焦点。马兰专注于确定一个"焦点问题"（focal problem）——核心的（儿童期）冲突，其常以某种形式显现在当前所存在的问题中。他将根据患者特有的防御－焦虑－冲动构型（defense-anxiety-impulse configurations）来架构这个焦点问题——患者特有的防御－焦虑－冲动构型指的是患者为保护自己免受焦虑诱发的冲动或情感而采取的特有的防御性行为。马兰称这一构型为冲突三角（triangle of conflict），并清楚地解释了这三种元素中两两之间以及三者之间的联系。例如，治疗师可能会观察到，一位患者不管什么时候感到很愤怒，都会表现得非常理智。

此外，马兰还提请患者注意，他们是如何将儿童期形成的防御策略用于与治疗师在一起的面谈过程（移情），以及生活中与他人在一起的情形的。那些将充满情感的互动与过去的重要他人、现在的重要他人以及患者的治疗师联系起来的解释，就构成了人们通常所说的人的三角（triangle of person）或洞察三角（triangle of insight）（Menninger, 1958）。例如，治疗师可能会指出，一位患者在面谈中的理智化方式似乎就是她儿童时期处理焦虑的特有方式。尽管马兰在半个世纪之前就写下了这些内容，但对于那些想要学习如何实践短程治疗的人来说，他关于维持一个治疗焦点的必要性所做的描述，在当代仍具指导意义。"治疗师要拒绝被与焦点无关的材料所干扰，不管这些材料是多么吸引人"（Malan, 1963, 第210页）。

在禁忌打破方面，马兰打破了精神分析中关于主动性和指导性的禁忌（Fosha，1995）。他还尤其打破了关于限制分析师询问的禁忌。我们看到，这种治疗明确允许治疗师可以选择性地忽略临床资料中的一些方面，不管这些资料是多么吸引人，只要与这一焦点不相关，就可以把它们忽略。

达旺洛（Davanloo）在 20 世纪 60 年代开发出了密集型短期动力心理治疗（intensive short-term dynamic psychotherapy, ISTDP）取向。设计 ISTDP 是为了使用除解释之外的主动的、面质的技术来突破患者的防御性障碍（Neborsky，2006）。达旺洛不仅对正式的防御（formal defense）（例如，投射、合理化）提出了异议，他还挑战了更具策略性的言语和非言语防御。例如，他会攻击患者的模棱两可、踌躇不定、把脸别到一边、含糊其词、叹气、沉思以及泪眼汪汪的表现。在这里，不是去解释防御，而是直面防御。对患者防御性姿势的洞察并不是治疗的目标，治疗的目标在于清除这些防御，这样患者就能够释放出各种被压抑的想法、记忆和感受。"当你能够通过前门走进去的时候，不要让自己通过一个窥视孔来眯着眼睛往里看"（Davanloo，引自 Fosha，1995）。达旺洛（1978）在业界有"无情医治者"的声名。我们知道，他最初接受的是外科医生的培训，所以对此，我们一点都不感到奇怪。

达旺洛违背了许多的精神分析禁令。尤其是，他打破了一些神圣的禁忌——即需要对患者保持中立、节制以及"友好"态度的禁忌（Fosha，1995）。他还打破了那条要为治疗过程保密的禁忌。他用录像机录下了 ISTDP 的治疗过程，并对其进行详细分析，以弄清哪些是有帮助、哪些是没有帮助的。

西夫尼奥斯（Sifnesos, 1979/1987）在他的短期焦虑诱发心理治疗（short-term anxiety-provoking psychotherapy, STAPP）中，详细说明了患者筛选与排除标准，使用高度聚焦的询问，并积极主动地解释和面质了各种防御。STAPP 主要针对于对那些体验到了与俄狄浦斯问题相关的冲突而机能相对较高的患者，实施短程动力治疗。一开始，STAPP 不预设固定的会谈次数，不过随着治疗的进行，所确定下来的治疗面谈次数在 10 ～ 20 次。西夫尼奥斯承担了部分治疗师和部分教师的角色；他"就像是一位校长，看穿了那些难以管束的学生的借口与托辞"（Burke, White & Havens, 1979, 第 178 页）。例如，一名 STAPP 治疗师在听到患者对于一个关于她与父亲之间情感联结的问题回答说"我不知道"后，他会说："哦，说吧，你当然知道！告诉我！"（Nielsen & Barth, 1991, 第 66 页）。

人们通常认为，詹姆士·曼（James Mann, 1973）通过明确地聚焦于应对分离和丧失方面所出现的困难，修正了基本的精神分析哲学与技术（Levenson, Butler & Bein, 2002），从而提供了一种明确的存在主义基调。曼将一种时间无限感视作个体无意识的一部分，因此设计了一种治疗的限时结构，包括 12 次面谈——不多，也不少。从理论上讲，设计这样一种具有明确结束日期的结构，是为了帮助患者面对那些想要拥有"永恒时间"的无意识愿望，并因此在一种共情性的治疗关系背景中治好分离焦虑。比他的短程治疗同行更为惹人注目的是，曼明确地打破了一条禁忌，质疑了"永远存在的治疗师"（ever-present therapist）这个概念——"永远存在的治疗师"指的是一个"只要你需要我，我就会在这里"的治疗师。

显然，当代短程治疗师应该感激这些第二代的先驱们。不过，尽管马兰、达旺洛、西夫尼奥斯和曼向精神分析理论与实践的一些基本原则提出了挑战，但他们所有人都（在不同的程度上）依旧信奉弗洛伊德式的、个人内心（一人）的、驱力/结构模型（Messer & Warren, 1995）。从这一视角看，他们将性驱力与攻击驱力看作个体内部的基本驱力，试图寻找发泄的出口，而自我则斡旋于个体想要无拘无束地表现出来的冲动与内化了的社会约束之间。

第三代：基于研究的人际治疗

第二代的治疗取向推动了短程动力心理治疗的实践，但对于这些理论的实证支持还是非常少。其筛选标准与干预措施主要基于治疗理念、临床判断及理论推断，而非系统化的研究成果指导（Perrt et al., 1983）。第三代的短程治疗开始于 20 世纪 80 年代中期，为了给短程动力治疗的有效性提供实证支持，同时也为了阐明其积极主动的治疗因素，他们做了许多的工作。而且，第三代的治疗还预示了治疗理论与实践模型的转变，即从内心［intrapsychic，一人（one-person）］模型转向了强调人际关系［interpersonal，二人

（two-person）]的模型。事实上，梅瑟与沃伦（1995）将这一代的治疗称作"关系模型"的典范，因为他们强调，与他人的关系在理解心理健康和病理症状时具有根本的重要性。这一浪潮的代表有：范德比尔特大学的汉斯·施特鲁普和杰弗里·宾德（Hans Strupp & Jeffrey Binder, 1984）开发的限时动力心理治疗（time-limited dynamic psychotherapy, TLDP）；宾夕法尼亚大学的莱斯特·卢博尔斯基（1984）系统阐述的支持性 - 表达性心理治疗（supportive-expressive psychotherapy）；以及旧金山锡安山医院的约瑟夫·魏斯和哈洛德·桑普森（Joseph Weiss & Harold Sampson, 1986）所创的控制掌握理论（control mastery theory）。

接下来，我们会把 TLDP 的最初版本作为第三代模型的一个例子进行简要回顾，同时我们还将其作为本书的基础，进行更深入的分析。TLDP 的提出背景是 20 世纪 50 年代早期开始的一个实证研究项目。施特鲁普（1955a, 1955b, 1955c, 1960）发现，治疗师的干预措施反映了他们对来访者的个人（积极的或消极的）态度。他后来的研究（Strupp, 1980）表明，治疗那些充满敌意的、消极的、呆板的、不信任的或者高度抵制的来访者，效果通常都不好。施特鲁普推测，这些难以治疗的来访者所具有的个性风格使得他们很难与治疗师建立良好的治疗关系。在这样的情况下，治疗师管理人际治疗氛围的技能会受到严峻的考验，而且，治疗师会陷入对消极情绪、敌意、困惑以及不尊重的应对之中（Anderson, Knobloch-Fedders, Stiles, Ordoñez & Heckman, 2012; Anderson & Strupp, 2015）。由于治疗时间很短，这种无法迅速形成治疗联盟的情况就会对整个治疗产生有害的影响。这些负面的影响使得施特鲁普和他的同事们开发出了 TLDP，这种方法可以帮助从事治疗的专业人士在治疗很难处理的来访者时维持自身的平衡，并促进共情能力的发展。该疗法从一种人际的、客体关系的视角看待人格发展和功能运作。TLDP 最初设想的主要目标是，对来访者（client）与他人及其治疗师之间的互动过程中非常明显的、反复出现的、适应不良的主题进行分析。[1]

治疗中持续聚焦于来访者如何理解治疗师以及与治疗师建立关系［来访者可能认为治疗师是当前一个重要的人，也可能会把治疗师当成过去关系的移情载体（即，移情）］。"TLDP 治疗师预期：（1）棘手的人际行为模式将会在患者－治疗师关系中被激活；（2）当存在一种适合的情感背景时，这些模式迄今没有得到认可的意义就会被识别出来并重新加以塑造（解释）"（Strupp & Binder, 1984，第 136—137 页）。这种取向的基本原理来自这样一种观点，即不管心理病理症状的严重程度如何，内心冲突都会在人际关系中表现出来。TLDP 的实践手册《一种新基调的心理治疗》（*Psychotherapy in a New Key, Strupp & Binder,* 1984）的出版，旨在让这一模型变得更容易学习，同时也规范了 TLDP 技术的应用。

确定某一来访者是否适合于 TLDP，一般有 5 条主要的筛选标准：

---

[1] 读者们将会注意到（除了在引文和历史背景资料中），我在本书的这个地方开始使用来访者（client）一词，而不是患者（patient）。这种转变意味着心理治疗总体上从一种医疗模型（其中，被动的患者按照医生的指令行事）转向了一种更为强调关系的模型，在其中，治疗由两个人（其中一个人在情绪上更为痛苦，而另一人具有专业知识）组成，这两个人都在尽力地打造一种治疗关系。

●来访者必须处于情绪不适（emotional discomfort）的状态中，这样他们才有动机来忍受那种具有挑战性的、痛苦的改变过程，并付出治疗所需的时间、努力以及金钱。

●来访者必须按照预约时间前来接受治疗，并与治疗师一起参与这项活动。

●来访者必须愿意思考他们的关系是如何导致痛苦的症状、消极的态度，以及／或者行为困难的。

●来访者需愿意对感受进行分析。

●来访者应该有能力与治疗师建立一种有意义的关系。

尽管这些筛选标准的基础广泛，但 TLDP 并不适用于那些现实加工能力受损的人（例如，由于一种精神病思维过程、神经障碍或药物滥用而受损的人），也不适用于那些表现出持续性管理问题（例如，慢性自杀行为）的人。

TLDP 打破了 2 条主要的精神分析禁忌。第一是认识到，治疗师是另一个有生命、有呼吸、能互动的个体，其会受来访者固有关系模式的影响而产生推拉反应（push and pull），从而与来访者共同重演那些导致其前来求助的功能不良的互动模式［也就是，移情－反移情再次扮演（transference-countertransference reenactments）］。弗洛伊德以及他的追随者认为，反移情是一种"有碍于治疗的东西，是一种需要消除的东西"（Gelso, 2004，第 231 页），并且一直将它看作是治疗师自身无意识的、未得到解决之冲突的一种表现，这些冲突需要在治疗师自己所接受的治疗与咨询中加以解决。

不过，从 TLDP 的视角看，我们可以将反移情视为人与人之间共情的一种形式，"在这种移情中，治疗师会在一段时间内、在一定程度上被卷入由患者预想出来的神经性电影剧本中，扮演其所分配给他或她的角色"（Strupp & Binder, 1984，第 149 页）。通过找到一种方法来识别和直接探讨这些再次扮演［元沟通（metacommunicating）］，治疗师就能够帮助来访者理解他们自己的模式以及这些模式的影响。在这里，我们看到，治疗师的反移情可以用来进一步促进治疗的效果，而不是仅仅被视为有害的东西。

这个视角挑战了分析师作为某个超然于冲突之外的人的立场——持该立场的分析师就像一名不卷入案情的歇洛克·福尔摩斯式的侦探，他感兴趣于巧妙地挖掘出事实真相，但不会弄脏自己的手。而如果使用 TLDP，治疗师就会弄脏自己——因为他或她（在一段时间内）要与来访者同处一个槽沟之中，他们双方必须互相依靠才能找到出来的方法。

第二，TLDP 摒弃了精神分析将重建过往经历或唤醒被压抑的记忆作为核心治疗目标的观点……从（TLDP）的视角看，并不需要重新建构患者的经历，而只需假定当前的情绪障碍和人际困难是那些经历的产物（Strupp & Binder, 1984，第 25 页）。因此，我们可以认为 TLDP 打破了若干个主要的精神分析禁忌。

第四代：心理动力－体验性治疗

构成第四代的当代短程动力取向具有 3 个主要特征。第一，它们从精神分析之外的各种资料来源（例如，认知行为治疗、儿童发展、神经科学）引入了许多概念和技术，与传统动力视角相融合，形成更具整合性的治疗框架。第二，它们强调治疗过程中的体验性因素，认为这些因素是治疗过程的关键成分。第三，在由于强有力的经济和社会政治力量而强调实用主义与效率的趋势中，它们也受到了影响（Levenson & Burg, 2000）。

短程心理动力－综合性取向（brief psychodynamic-integrative approaches）的代表有：麦卡洛（McCullough）及其同事（2003）的短期焦虑调节心理治疗（short-term anxiety-regulating psychotherapy），这种治疗在创造机会以产生治疗中的强烈情感体验的同时，运用了学习理论的原理；沙夫兰与穆兰（Safran & Muran, 2000）的短程关系治疗（brief relational therapy），这种治疗是为了帮助治疗师识别和解决治疗联盟中的问题；福沙（Fosha, 2000）的加速体验动力治疗（accelerated experiential dynamic therapy, AEDP），这种治疗使用明确的移情与激进的治疗约定来促进来访者自身产生治愈情感；以及一种综合的、以依恋为基础的体验性 TLDP（integrative, attachment-based, experiential version of TLDP）。

1995 年，我撰写了《限时动力心理治疗：临床实践指导》（*Time-Limited Dynamic Psychotherapy: A Guide For Clinical Practice*）

（Levenson, 1995）一书。正如书名所示，撰写该书是为了将 TLDP
原理与策略转化为对从业者而言具有实用性的、有帮助的思维方法
和干预方法。该书描述了许多关于如何使用 TLDP 概念与干预的例
子，提供了真实的临床情境中有关来访者－治疗师互动过程的即时
的、具体的细节。在这本书中，我做了一个重要的改变，不再强调
施特鲁普与宾德于 1984 年最先提出的 TLDP 概念内涵，而将强调
的重点放在了与洞察（insight）相反的通过体验式学习而产生的改
变（change through experiential learning）上。

我将这种体验式学习视为 TLDP 的首要目标；它强调改变的
情感性行为成分的重要性，而不是那些经由洞察而产生的认知改变
的成分。当时，我关于这样一种体验式学习的观点主要集中于调整
来访者与他人（最初通常是治疗师）之间的互动，这样，来访者就
有机会在一种足够安全的治疗关系背景中尝试新的行为。此时，个
体是否会产生一种新的体验，以打破他或她对于他人负面反应的预
期？如果某位来访者能够继续向前，以不同的方式参与其中，并收
获他人对他的不同反应（即，更为积极肯定的反应），那么，与人
际风险相伴随的焦虑就会减轻或缓解，而那位来访者也会获得鼓励
去承担其他的风险，从而，随着时间的推移，他的整个人际模式就
会发生改变。这种对于所害怕的预期（feared expectation）的否定，
遵循了互补性人际交往体系中所体现的学习理论原理，并导致了强
有力的学习，让人联想起通过暴露治疗所实现的学习。

想象一下，有一个人过去一直很喜欢与人竞争，能够控制自己

的整个生活，现在他需要在治疗中去冒险，变得更为脆弱、更具依赖性，当他的治疗师没有利用他时，他会体验到一种宽慰感。随着时间的推移，在与他人相处的过程中，这种情形重复多次以后，他会受到鼓励，越来越能够与他人合作；最终，他那种令人不易接近的支配风格就会变弱，从而吸引他人越来越喜欢与他交往。

自从我撰写 1955 年出版的那本教科书起，我对于体验式学习具有主要作用的信念得到了加强与扩展。在那期间，情感神经科学领域已经蓬勃发展（Schore, 2009），情绪这一角色已经被搬到了舞台的中心（Fisher et al., 2016; Greenberg, 2012; Thoma & McKay, 2015）。我们正越来越多地了解我们是如何天生要去维持人际联系的，以及当我们感觉到某人与我们在情感上非常和谐时，这个世界上让我们感到安全的东西在多大程度上是在微妙但却强有力的时刻传达出来的（Cosolino, 2006）。本书中阐述的 TLDP 模型强调了情感和谐、唤醒性共情，以及促进新的人际经验（以及新的理解）去培养更为健康的人际机能与个人内部机能的必要性。

TLDP 具有许多吸引人的特征。它并不强调病理症状，而是看到了来访者正在尽他或她所能地做到最好。它具有广泛的适用标准，因此，很多具有挑战性的来访者都是根据这些标准而被接受治疗的。尽管它致力于使个人内部与人际方面发生根本性转变，但接受心理动力训练的治疗师都能够在使用 TLDP 的同时不放弃他们对于"深度工作"的忠诚。此外，它是少之又少的短期取向中对治疗师如何学习特定短程治疗模型进行了研究的一种取向（Henry et al., 1933a,

1933b）。更确切地说，TLDP 非常易懂，它避免了那些所指对象不明确的推论性概念。尽管这种取向从起源上讲显然属于心理动力流派，但它认为个体并不需要在治疗中修通儿童期冲突。相反，它认为，来访者的问题在当前是通过一个适应不良行为与自我挫败式人际预期的动力系统而得以维持的，而正是这些行为与预期"诱发"他人做出了来访者最为害怕的那种反应。

　　显然，第四代短程动力模型打破了关于理论与策略纯正性的禁忌——它们成了心理动力"狗窝中的杂种狗"。它们看起来不像纯种动物那样优雅与精致。它们非常欢迎来自其他模型的观点、策略以及治疗态度跳过栅栏，跑进这个窝中，以至于有的时候我们很难清楚地辨别出它们的"心理动力"血统。不过，与在一致性与雅致性方面所放弃的东西相比，它在强健性与耐久力（以及"忠诚性"）方面所获得的补偿要多得多。它们看起来很有活力，很灵活，能够在不同的时间适应不同主人的需要。同时，它们也很友好，很吸引人——甚至更欢迎积极的经验，而不是痛苦的教训（Fosha,2000）。当然，它不是你祖辈那个时代的短程动力心理治疗。不过，以当前的这些短程心理治疗为基础，我们依然能够辨认出角色冲突、无意识过程、移情、反移情、焦虑调节（这些是所有心理动力模型所共有的）等基本要素。在接下来的章节，我将会深入地分析综合版本的限时动力心理治疗，以阐明当前的第四代短程动力心理治疗模型的理论、阐释、过程及应用。

3

理论

　　限时动力心理治疗（TLDP）的综合观点交织着 3 种具有复杂的、重叠的历史视角与临床视角的重要取向，这 3 种取向中每一种都与一个不同的临床工作焦点相对应。这只理论凳子的第一条腿是依恋理论（attachment theory），它为治疗提供了动机性的基本原理。根据依恋理论，人们可以回答这样的问题："人们为什么会那样做？""心理健康需要的是什么？心理疾病又是如何产生的？"第二条腿是人际关系理论（interpersonal-relational theory），它构成了治疗的框架或平台。"治疗发生的媒介是什么？"第三条腿强调体验－情感成分（experiential-affective component），它关注的是变化过程。"需要改变些什么才会发生变化？"我在从事临床工作时，感觉这 3 种视角是不可分割的，而且，它们之间会相互强化——它们都有助于为治疗提供一个稳定基础。[1] 在接下来的部分，我将对每一种成分进行分析，这样读者就可以更好地理解我当前关于 TLDP 理论与实践的观点。

依恋理论

婴儿期依恋

依恋理论坚持认为，婴儿为了与其照看者保持亲密的身体接触，

---

[1] 在现代心理治疗实践中，这 3 条都被确定为已得到实证支持的治疗改变原理（例如，Castonguay & Beutler, 2005；Neborsky, 2006）。

会表现出全部的本能行为（依恋行为系统）。从依恋的视角看，我们天生会受到"年长且更有智慧的"他人的吸引，尤其是在感到有压力或威胁的时候更是如此。而且，我们天生要吸引我们所依赖的照看者的注意，我们之所以依赖于照看者，是因为我们的存在取决于这种维持生命所必需的联结。婴儿引发这样一种注意的能力是通过一个相互反馈回路（mutual feedback loop）来维持的，在这个回路中，照看者（通常最初是母亲）会因为婴儿的注意行为而在社会性方面受到强化（例如，婴儿一动不动地注视会强化母亲轻柔低语和回视的行为，这会鼓励婴儿盯着母亲的脸看并做出微笑行为，而这又会引起母亲更为全神贯注地注意）。有大量的研究表明，婴儿模仿他人社会行为（例如，看到母亲伸出舌头后，他也会伸出舌头）和对某一照看者的社会暗示做出反应的能力并不是习得的，在婴儿出生仅仅几个小时之后，这些能力就已经存在于婴儿的行为技能库中了（Meltzoff & Moore, 1977）。

关于依恋理论及其在理解人类发展中的应用的文献非常多，而且跨时将近 40 年（Obegi & Berant, 2008）。约翰·鲍尔比（John Bowlby, 1969, 1973, 1980）关于依恋、分离以及丧失的经典三部曲强调了儿童早期的情绪特质对于理解心理病理症状的重要性。通过观察、咨询以及对当时的实证／理论文献的分析，鲍尔比（1969）总结道：

年幼儿童对他（原文如此）母亲之爱与在场的渴望，与他对食物的渴望一样强烈，因此，母亲的离开必然会引起强烈的丧失感与愤怒……所以，我们得出的结论是，母亲形象的丧失，无论是她自己单独丧失，还是与其他尚未明确的变量一起丧失，都能够引起心理病理学最为感兴趣的一些反应与过程（第8页）。[1]

鲍尔比注意到，婴儿拥有大量的行为技能来使其母亲保持对他的亲密与互动。他认为，婴儿是在进化过程中逐渐获得这些行为技能的；那些能够与照看者发生关联的婴儿更有可能将他们的 DNA 传递给后代人。"鲍尔比将人类婴儿对于其母亲的依赖，以及与其母亲在情感上的联结看作是一个*基本的本能行为体系*（fundamental instinctual behavioral system）的结果，这个体系与弗洛伊德的性力比多概念不同，它强调的是关系，而不是性"（Mikulincer & Shaver, 2007, 第7页, 原文斜体）。

依恋模式

尽管依恋最初与婴儿对于亲近感的寻求有关，但鲍尔比后来写道，依恋需要与行为在整个生命周期中持续存在，成年人也会向其他成年人求助，尤其是在感觉到压力的时候。正如他在那篇关于健康人类发展的著作《安全基地》（*A Secure Base*, Bowlby, 1988）中所写，"当生活被安排成一系列从我们的依恋对象（或多个依恋对象）

---

[1] 在 1958 年的美国心理学会年会上，当鲍尔比听到哈里·哈洛（Harry Harlow）的演讲，他立刻就看到了哈洛（1959）以恒河猴为被试所进行的研究与依恋的相关性，这些恒河猴更喜欢"绒布母亲"，即使喂养它们的是"铁丝母亲"（Karen, 1998）。

提供的安全基地出发的或长或短的远足时, 我们所有人, **从摇篮到坟墓, 都是最幸福的**"（加粗为原文所加, 第 62 页）。关于这一点, 我们在现代所能找到的最强有力的例子很可能就是 "9·11" 事件发生时双子楼里的那么多人, 他们在面临确凿无疑、极其可怕的死亡时, 伸手去拿他们的手机, 唯一的目的是与他们深爱的人取得联系。

    由于鲍尔比感兴趣于对动物进行研究, 以及对儿童的真实行为进行观察, 因此有分析者称他是一位行为主义者（无疑, 这是最大的谴责）。但事实恰恰相反, 行为主义者与他的观点没有任何关联。例如, 在那个时期, 约翰·华生（John Watson）就一直警告父母们不要去关注正在哭的孩子: "绝对不要拥抱他们、亲吻他们……绝对不要让他们坐在你的大腿上。如果你一定要这么做, 那么在道晚安的时候, 亲吻一下他们的额头就可以了"（引自 Lewis, Amini & Lannon, 2001, 第 71 页）。

    鲍尔比的美国同事安斯沃思（Ainsworth）开发出了一个实验程序来评估婴儿的依恋模式, 称之为 "陌生情境"（Strange Situation）（Ainsworth, 1967）。在这种情境中, 婴儿与他们的母亲一起来到一个有一面单面镜的房间。婴儿与他们的母亲、实验者一起待在房间里, 房间里还有各种各样的玩具。然后在某个时刻, 母亲离开, 留下儿童自己一个人与实验者一起, 实验者会对儿童的行为进行记录。不久之后, 母亲回来, 实验者再次观察儿童的行为。被归为安全型（secure）的婴儿能够在探索新环境时, 将其母亲作为一个大本营。当母亲离开时，他们会表现出明显的忧伤，不过母亲一回来，他们就会平静下来，并继续做具有建设性的游戏。那些被归为回避型（avoidant）的儿童在母亲离开时，几乎没有表现出任何明显的忧伤，也没有在母亲回来时表现出欢迎。他们似乎对玩具更感兴趣，不过他们的游戏并不特别具有创造性。[1]研究者认为，这些儿童的依恋体系已经失去了效用。那些被归为焦虑－矛盾型（anxious-ambivalent）的儿童，甚至在与母亲一起走进房间时看起来也很忧伤。当母亲离开时，他们会大声哭，并表现出明显的愤怒。当母亲回来再次跟他们待在一起时，这些儿童也不能安下心来，还会继续维持超高的唤醒水平，无法继续进行他们的游戏活动。

内在工作模型

鲍尔比关于内在工作模型重要性的阐述有助于治疗师理解依恋模式随着时间的推移是如何得以保持的。[2]他假设，随着时间的推移，会形成"一个具有高度特异性特征的内在心理组织，其中包括自我以及某个依恋对象（或多个依恋对象）的表征模型"（Bowlby，1988，第29页），并通过个体在整个早期生活中与照看者之间的一系列经验而得以扩大。因此，儿童不仅拥有一套内化了的对于他人将如何对待他或她的预期，还拥有一个内化了的关于如何看待、感

---

[1] 我们应该注意一点，即虽然这些回避型儿童看起来并不忧伤，但对其生理的测量却显示出了高度的唤醒。因此，那些被归为回避型的儿童和成人通常会表现出行为的抑制和内心的忧伤。

[2] 根据米库林瑟和谢弗（Mikulincer & Shaver，2007）的观点，工作模型（working models）这个术语包含 2 层含义：（1）这些模型是启发式的——也就是说，它们在预测可能的结果方面具有实用性，（2）这些模型是暂时性的——也就是说，在一个"工作"的标题之下，它们是可变的。

受以及对待自我（这是他人如何对待自己的一种反映）的模型。

鲍尔比假设，一个形成了安全依恋的儿童（即，不管照看者是忧伤还是满意，他都会以一种因事而变的、有帮助的、充满爱的方式来对儿童做出反应）会预期，自己的任何方面都能被注意到、被回应和被处理。而那些没有形成安全依恋的儿童（即，照看者一直以偶发的、不能因事而变的、不充分或不适当的方式对其做出反应）会认识到，当他们面临威胁时，不能指望他人来保护他们的安全。

形成了不安全依恋的儿童会受到四重打击。第一，他们拥有的关于自我和/或他人的模型是消极的；第二，他们也很难自我矫正这些有害的内化模型，因为他们在认知和情绪上难以感知不确定的信息；第三，由于他们的工作模型或模板来源于无意识，且永存于无意识，那么，他们就会继续受到无意识的支配。这使我想起了一句谚语：鱼并不知道水的想法（A fish has no idea of water）。工作模型也是如此。它们对我们的生活产生了巨大的影响，但我们却认为它们是理所当然的生活方式。瓦赫特尔（Wachtel, 2008）指出了形成不安全依恋的儿童所受到的第四个影响。他们的内在工作模型之所以一直保持稳定，部分原因在于他们与那个引起这些经验的人之间的互动也一直持续存在（例如，在儿童还是一个小婴儿时，其父母的态度非常严厉，当他成长为一个蹒跚学步的小孩时，父母的态度也会很严厉，当他成长为一个青少年时，父母的态度还是严厉的）。

成人依恋

人们通常是怎样理解成人与依恋理论之间的关联性呢？正如鲍尔比所说，从"摇篮到坟墓"，依恋都非常重要，不过，到了成年阶段，他们通常不再需要为了生存而必须与另一个人保持亲近。当成人的依恋对象进一步证实"（1）他们是被爱的、可爱的人，（2）他们是有能力的，或者能够控制他们的环境"（Pietromonaco & Barrett, 2000，第 167 页）时，他们就会感觉到安全。久而久之，就会逐渐形成一种感觉到的安全感（felt security），这种安全感是个体内化了的，并将伴随其一生（Stroufer & Waters, 1977）。

谢弗和米库林瑟（Shaver & Mikulincer, 2008）描绘了一个人要成为成人依恋对象所必需具备的 3 个关键功能：（1）在有压力的时候会去求助于这个人，或者这个人出人意料地离开会让人忧伤和抗议；（2）这个人创造了一个"安全港湾"，因为他 / 她是舒适、保护或者安全感的源泉；（3）这个人提供了一个"安全基地"，成人可以从这个基地出发去探索世界、冒险，以及追求自我的发展。鲍尔比（1969）承认，各种各样的人、重要人物（比如，上帝），甚至是一些机构都可能会被视为依恋对象。此外，对这些重要依恋对象（或者是自己）的心理表征，也有可能是感觉到的安全感与舒适的源泉。一系列具有创新性的研究（参见，Shaver & Mikulincer, 2008）已经证明，激活关于依恋对象的心理表征（例如，要求人们想象一下这些依恋对象的面孔）可以促成一种积极的情感，减少痛苦或受伤的情感，并且还会促进共情。（现在，做一个小实验，读者可以花几分钟时间，想象见到了某个可以提供舒适与安全感的人的脸。你是否觉察到自己拥有了更为积极的情感，并且幸福感也提高了？）

安斯沃思的一名学生玛丽·梅因（Marry Main）开发出了成人依恋访谈（Adult Attachment Interview, AAI; Main, Kaplan & Cassidy, 1985），用以探索成人在儿童时期对其父母依恋的心理表征。AAI要求人们回答关于其在年幼时与父母之间关系的特定问题。例如，"你能否给出5个形容词或短语来描述你在儿童期与母亲的关系？"然后，将那些接受访谈的人归入3种依恋风格中的一种——安全型（secure）、冷淡型（dismissing）或者迷茫型（preoccupied）——与"陌生情境"中在婴儿身上所发现的3种类型相对应。

属于安全型的成人往往以一种清晰、连贯的方式描述他们的过去（甚至是那些让人痛苦的过去）；属于冷淡型的成人几乎给不出关于他们与父母之间关系的例子，并且只能给出很少的、最小化的反应（例如，"我与母亲的关系很好"）；而属于迷茫型的成人的反应则表明，他们无法从愤怒以及／或者焦虑的情绪中抽身出来，他们显然被这些感受给弄得不知所措了。因此，形成安全依恋的个体往往会表现出自传能力（autobiographical competence）（Holmes, 1993; Siegel, 2012）；他们能够讲述一个连贯的故事，讲述过去是如何影响他们的，以及他们为什么是现在这个样子。而且，他们能够心智化（mentalize）（Fonagy & Target, 2006）；他们能够"解读他人的心理，而这反过来又促进了解读与理解自己心理状态的能力，尤其是那些基于情绪的心理状态"（Jurist & Meehan, 2008, 第72页）。人们认为，这样的自传能力与心智化能力对于情感调节和总体的心理健康而言至关重要。[1]

以依恋为基础的治疗

尽管没有专门针对成人的"依恋治疗"，但依恋理论与治疗阐释和干预的相关性还是很大的。鲍尔比（1988）概括出了5项治疗任务——这5项任务都围绕着治疗师的这一角色，即提供：

"条件，在这样的条件下，他的（原文如此）患者能够探索关于自己以及依恋对象的表征模型，以便根据他在治疗关系中所获得的新理解（new understandings）、新经验（new experiences）来重新评估和重新建构这些模型"（原文斜体，第138页）。

具体而言，治疗师必须：（1）提供一个安全基地，做一个"值得信赖的同伴"，这样才能分析一个人生活中的痛苦；（2）帮助来访者探索其在与他人联系过程中的预期与偏见；（3）鼓励来访

---

[1] 西格尔和哈策尔（Siegel & Hartzell, 2003）为父母们写了一本书，帮助他们理解他们能够通过以一种连贯的方式"弄懂"自己的生活来促进孩子的心理健康——这种方式就是讲述一个故事，讲述过去是如何影响他们的，以及他们为什么是现在这个样子。西格尔（2012）认为，这种连贯性会带来神经系统的整合，并有助于养育出安全依恋型的儿童。

者思考早期育儿经验与当前功能之间的关系；（4）帮助患者看清过去，并帮助他或她想象更为健康的行为和思维方式；(5)当患者关于自我及他人的工作模型在治疗中失去效力时，帮助其分析治疗关系。事实上，鲍尔比感觉到，对治疗中"此时此地"发生的移情与反移情进行分析，应该成为治疗的主要焦点，而只有当患者的过去有助于理解其当前的感受方式以及应对人际世界的方式时，才需要对其进行深入的探究。正是这种背景下，鲍尔比在他 1988 年出版的著作《安全基地》中特别提到了施特鲁普和宾德（Strupp & Binder, 1984）的研究，他提出，TLDP 关于治疗过程的观点中有许多与他所概括的内容相同。

人际关系理论

哈里·斯塔克·沙利文

关系取向是一种讨论起来可能会让人感到困惑的取向，因为严格来说并不存在一个统一的"关系学派"。不过，大多数撰写过这一主题作品的作者都认为，沙利文在 20 世纪 40 年代第一次揭示了人际关系取向与心理治疗之间的相关性。沙利文挑战了当时盛行的弗洛伊德式的观点，即认为生物驱力的释放在人格发展中具有决定性作用；相反，他坚持认为，一种与生俱来的想与人建立人际关联的动力非常关键。

在他撰写的现在被奉为经典的《精神病学访谈》（*The Psychiatric Interview*，1954）一书的导言中，沙利文非常明确地表示：

> *精神病学被界定为是研究人际关系的领域，强调的是参与者在社会情境中的互动，而不是仅仅关注其中任何一个参与者的所谓的"私有经济"。*（原文斜体，第 4 页）

事实上，沙利文认为人格是"人类生活中*反复出现的人际情境*（recurrent interpersonal situations）的相对持久的模式"（原文斜体，1953，第 111 页）。通过与父母的互动，儿童会发展出一种自我 – 他人角色关系模式的感觉，这到后来会发展为人际应对风格——设计这些策略是为了避免或控制焦虑并保持一定的自尊。

最初，沙利文通过他对那些被诊断为精神分裂症的患者的治疗，研究了人们在理解他人"意思"方面的困难。他开始着迷于研究他们在互动中传达的东西，并使用录音设备，试图察觉治疗过程中到底发生了什么——不仅是字词，还有非言语方面。早在 20 世纪 20 年代中期，他就建议对治疗过程进行录像，这样人们就可以看到互动中的非言语成分，如手势、身体姿势等（Sullivan，1927）。

因为沙利文认为治疗性互动（therapeutic encounter）是在社交领域内发生的，因此，在治疗中，他不仅会对患者的焦虑进行评论，还会评论治疗师的焦虑，同时他还强调了情绪对于理解当前治疗互动的重要性。沙利文（1954）认为，治疗师绝不是一位中立的观察者：

精神病学家不能躲开站到一边，然后用他的感官（不过，这可以通过仪器的使用来加以精炼）去注意其他人正在做什么，而不让自己牵扯进这个操作过程中……构成数据的这些过程以及过程中的这些变化……不会出现在这个被试身上，也不会出现在观察者身上，而是出现在观察者与他的被试创设的情境之中。（原文斜体，第3页）

在沙利文看来，治疗过程由一个"二人小组"（two-group）构成。他解释说，尽管房间里面的人也许只有2个，但是"卷入这个二人小组的且或多或少带点想象性质的人数，有时候却真的多到让人毛骨悚然"（Sullivan, 1954，第9页）。沙利文创造了参与性观察者（participant observer）一词，用以描述治疗师一方面是专业的观察者，要注意治疗过程中所发生的事情，另一方面，他又是作为另一个个体完全地参与了这个互动的过程中。

人际诊断

沙利文的开创性研究影响了许多后来者，其中包括卡尔·罗杰斯（Carl Rogers）、埃里克·埃里克森（Erik Erikson）、汉斯·施特鲁普（Hans Strupp）、唐纳德·基斯勒（Donald Kiesler）以及唐·杰克逊（Don Jackson）。一些人际关系理论家对沙利文的观点进行了扩展，根据合群－不合群和独立－依赖这2个正交维度，将所有的人际行为都映射进了一个人际关系圈（或环形圈）（例如，Benjamin, 1974; Wiggins, 1979）。有人认为，我们可以在那个圆圈表面的某个地方，确定任意一种人际行为（包括在治疗中和外部世界中的人际行为）的位置。例如，一个友好的（合群性高）、顺从的（依赖性高）人，其行为可以被定在这个环形圈的某一特定象限内。这样的分类还可以让人们更精确地描述一个人的行为可能会对另一个人的行为产生怎样的影响。

实证研究与临床观察（Horowitz & Strack, 2010）支持：敌意行为会招致敌意态度；友好行为会引起友好的反应；支配行为会鼓励顺从这种互补性行为，反之亦然，顺从行为会引起支配行为。例如，一个友好－顺从之人的听从行为就为他人的友好－支配反应（例如，提出建议）奠定了基础。因此，这里发生了一个微妙的转变。治疗师的关注焦点不再仅仅集中于个体的单个行为上，而是集中于两个或更多个体之间共同引起的互动上。关于互补性（complementarity）和维度性（dimensionality）的实证文献相当广泛（Sadler, Ethier & Woody, 2010）。有研究者已经发现，这些因素跨文化存在，而且相当稳健。

本杰明（Benjamin, 1974, 1993）开发出了一种人际和个人内部互动的多维度模型和评价工具——这种人际诊断形式被称为"社会行为结构分析法"（Structural Analysis of Social Behavior, SASB），从而进一步促进了人际映射（interpersonal mapping）的复杂度与临床相关度。SASB 是一个由 3 个相互关联的环形表面（每一个环形表面都是通过合群－不合群和独立－依赖这 2 个维度来描述的）组成的系统：（1）指向他人的行为——聚焦于他人（focus on other）（例如，攻击）；（2）对他人行为的个人反应——聚焦于自我（focus on the self）（例如，退缩）；（3）指向自己的内心行为——聚焦于内投（focus on introject）（例如，自我否定）。观察者可以对两个人（丈夫 - 妻子，父母 - 儿童，治疗师 - 来访者）之间的即时互动进行评定，或者，个体可以通过一份量表来描述他们的关系及内心状态（参见第 5 章关于使用 SASB 进行研究的信息）。

理解人际沟通的关键作用，对于弄清楚是什么维持了心理病理症状（即，关于自我与他人的回响式消极反馈回路）、确定心理治疗的焦点（即，改变与他人建立关联的人际关系模式）来说，具有很大的启示。霍罗威茨和维特库斯（Horowitz & Vitkus, 1986）分析了精神病症状的人际关系基础，以阐明这些建立人际关联的恶性循环是如何在维持心理疾病的过程中发挥作用的。例如，一名抑郁症患者通常会从顺从、无助的立场出发来寻求他人的帮助。而其他人则被拉着从支配的立场来做出反应，并且可能会试图提供帮助，建议这名患者应该做什么才会变得更好。不幸的是，这种更具支配性的姿态往往会鼓励这名抑郁症患者表现出更大的顺从性，并因此加剧他或她的抑郁症状，形成一个恶性循环。

艾伦·弗朗西斯（Allen Frances, DSM-Ⅳ任务小组前任主席）为本杰明的著作《人际诊断与人格障碍治疗》（*Interpersonal Diagnosis and Treatment of Personality Disorders, 1993*）撰写了序言。他开头的一段就非常好地概括了人际关系治疗师的态度：

哺乳动物的（而且，从最根本上说，我们就是哺乳动物）本质就是对于人际关系的需要，以及拥有建立人际关系的能力。这种人际的舞蹈至少开始于出生之时，且直到死亡才会终止……几乎所有的人类活动（包括心理治疗）都只有在一个人际关系模型内才能得到最佳的考虑与界定（Benjamin, 1993, 第 5 页）。

二人视角

二人视角反映了精神分析思想与实践领域内所发生的一次更大的范式转变，这种转变通常被定义为是从一人范式（聚焦于内部）向二人范式（聚焦于人与人之间）的转变。梅瑟与沃伦（Messer & Warren, 1995）评论道，大多数精神分析流派由于文化、社会、临床以及科学等原因，已经变得较少以驱力为导向（drive-oriented），而越来越重视关系。不仅在精神分析领域，其他的心理治疗模型（例如，认知治疗，Castonguay & Beutler, 2005; 行为治疗, Kohlenberg & Tsai, 1991）也在逐渐地将人际视角整合进其中。

对于从业的临床医生来说，这种向更注重人际关系立场的转变对以下方面都产生了影响：怎样界定病理学？如何阐释案例？治疗师如何解释当前的临床情境？应该考虑什么样的干预措施最有帮助？如何评价结果？关于一人范式与二人范式之间所有的认识论差异、概念差异以及程序上的差异，超出了我们本章的讨论范围，不过表 3.1 列出了它们之间的大多数主要差异。

表 3.1　精神分析思想与实践中一人范式与二人范式的比较

一人范式	二人范式
模型	
驱力 - 冲突模型	关系模型
本能冲动与社会要求之间的冲突	依恋需要与环境要求之间的冲突
线性原因与结果	交互影响
个人内部的	人际的，互动的
文化因素影响很小	深植于文化背景之中
治疗师的角色	
客观的翻译者，解码者，阐释者	参与性观察者，完全的参与者
中立的屏幕，空白的屏幕	共同的参与者，治疗师不可避免地嵌入关系矩阵之中
移情	
移情被视为一种歪曲、失真	治疗师实际的行为会严重地影响来访者
反移情	
将反移情视为保持中立的失败	将中立性视为治疗师不可能做到的一种态度
治疗师未解决之冲突与儿童期记忆痕迹的产物	人际共情
策略 / 技术	
准确的解释，强调内容及精确性	矫正性情绪体验
将解释作为揭露隐藏之内容的真理	将叙事作为真理，理解的方式（其中之一）
沟通是外显的	内隐的关系认知
来访者的视角	
反应性的	人际世界的主动建构者

注：参见Alexander & French（1946）；Aron（1991）；Beebe & Lachman（1988）；Bowlby（1973）；Burke（1992）；Cooper（1987）；Eagle（1984）；Emde（1991）；Fenichel（1941）；Gabbard（1993）；Gill（1982）；Greenberg（1991）；Hirsch（1992）；Hoffman（1992）；Mitchell（1988）；Ogden（1994）；Sandler（1976）；Stern（2004）；Strupp & Binder（1984）；Sullivan（1953）；Watchtel（2008）；Weiss et al.,（1986）；Wolf（1986）；Wolstein（1983）。引自*Time-Limited Dynamic Psychotherapy: A Guide to Clinical Practice*（pp.32-33）by H. Levenson, 1995, New York, NY: Basic Books. 此处改编得到了许可。

正如平卡斯和安塞尔（Pincus & Ansell, 2003）在他们关于人格的人际理论章节中所指出的，他人的在场以及他们促进人际学习的方式，对于自我调节、场域调节以及情感调节都有很大的启示，而情感调节为我们带来了理论之凳的最后一条腿——体验 - 情感学习。

体验 - 情感理论

通过情感进行的体验学习，对于理解 TLDP 来说至关重要，因为它聚焦于该模型中关键的改变动因部分。很长时间以来，关注情感和情绪表达一直是心理动力心理治疗的一个关键特征（Hilsenroth, 2007）。不过，近年来，我们对情绪的本质有了更多的了解。

情绪理论家（例如, Frijda, 1986; Lazarus, 1991; Tomkins, 1963）已经强调了情绪对自己及他人的适应性、组织性和激发性作用——使有机体做好行动和方向的准备，同时还服务于表达和沟通的功能。根据我们对大脑和行为的双向性的了解，我们的大脑能够产生情绪，我们的身体能够将情绪信号传递给大脑，而我们的行为能够增强或减弱我们的情绪反应性。特别是发展研究人员与神经科学家（例如，Damasio, 1999; Ekman & Davidson, 1994; LeDoux, 1998; Panksepp, 2016）极大地扩展了我们对情绪与感觉的了解。

尽管心理动力取向的治疗师一直以来都关注其来访者的情绪，但现在其他取向的从业者和理论家，包括认知 - 行为取向（Barlow,

2000; Burum & Goldfried, 2007），也都开始承认情绪在促成改变中的重要作用。事实上，肖尔（Schore, 2009）曾宣称，我们正经历一场"情绪革命"。他认为，在 20 世纪，心理学领域一直将关注的焦点集中于行为取向，然后是认知取向，但到了 21 世纪，人们将越来越强调情绪对理解治疗改变的重要性。我们可以通过功能性磁共振成像技术（functional magnetic resonance imaging）对大脑中所发生的事情进行扫描并绘制成图，这种能力已经极大地丰富了我们的知识库，并进一步推动我们对情绪及其与心理治疗的关系进行理论化（Frewen, Dozois & Lanius, 2008; Lane, Ryan, Nadel &Greenberg, 2015; Peres & Nasello, 2008）。

感觉到的感受

不过，我们却没有能力一直有意识地觉察到自己的感受。帮助来访者觉察、体验和加工情绪（Greenberg, 2012; Greenberg, Rice, & Elliott, 1993, 第 42 页）是体验性治疗的一个关键部分。达马西奥（Damasio, 1999）在他那本经过深思熟虑且书名非常恰当的著作《感觉发生的一切》（*The Feeling of What Happens*）中提出，我们最初的认知方式源于身体化的感受。此外，神经科学家推断，在语言出现之前发生的早期经历（尤其是创伤性经历）会储存在所谓的内隐记忆或情绪记忆中。肖尔（Schore, 2006）讨论了一些神经生物学研究，这些研究表明，在个体出生后的第二年，其大脑右半球的发育比左半球更为发达。这或许可以帮助我们理解为什么早期事件往往不能作为有意识的、以语言为线索的记忆（这主要是大脑左半球的机能）而被回想起来；相反，它们常常是作为感觉或感受被"记住"的。这对于治疗师在治疗工作中可以怎样促进来访者的"感觉到的感受"（felt sense）（Gendlin, 1996），有很大的启示。

因此，从体验－情感的角度看，治疗师普遍会问的问题"那你对这件事情的感觉如何"，应该更确切地改为"那你是如何或者在哪里感觉到这件事情的"。据估计，人类有超过 60% 的沟通是非言语的（Burgoon, 1985），因此，一位治疗师要想能够理解一个很小的信息所传达的意思，就一定要非常关注治疗过程中双方所表现出来的面部表情、声调、姿势变换等即时变化。[1]

情绪调节

最近，有研究者强调，拥有情绪意识、情绪智力（Goleman, 1995），能够对情绪进行再加工（Linehan, 1993）和调节情绪（Schore, 1994）是心理健康的标志。我们需要意识到自己的情绪想要告诉我们什么，但仅仅是"感觉到我们的感受"是不够的。我们还需要能够调节（抑制或激发）自己的情绪体验与表达。谁没有过为了让自己平静下来而从 1 数到 10 这样的经历呢？

许多研究者（例如，Fonagy, Gergely, Jurist & Target, 2002; Siegel, 2007）已经提出，自我调节情绪的能力在很大程度上会受到个体早

---

[1] 治疗师不仅需要觉察到来访者是如何以非言语方式与其沟通，同时还一定要觉察到他们是如何向来访者传递非言语信号的。在这一方面，把治疗过程录制下来，尤其是对治疗师的特写，其价值不可估量。

期与照看者之间经验的影响(不过,幸好不是只受到这一点的影响)。那些能够调节孩子的情绪状态,并能够"新陈代谢"(metabolize)孩子感受的父母,可以使孩子:

> 发展出大脑中的调节回路……随着个体的成长,这些调节回路可以为他或她提供心理弹性(resilience)的源泉。这种心理弹性通常表现为一种自我调节的能力,以及在共情性关系中与他人交往的能力。(Siegel, 2007, 第 27 页)

这是一个意义深远的观点!早期亲子间的和谐关系不仅可以带来一种健康的心理生活,事实上还可以促进大脑结构与机能的健康发展,从而促进人际机能与个人内部机能的提高。此外,当这些情绪调节能力强的儿童长大成人并有了他们自己的孩子时,他们也可能会在其后代身上培养出健康的大脑结构与机能,从而使其下一代也拥有心理弹性。这是一份永远的礼物。虽然证据好像还不太充分,但已有初步证据表明,心理治疗也能够对这些相同的大脑结构与机能产生积极的影响(例如,Baxter et al., 1992; Gabbard, 2000; Goldapple et al., 2004)。

在那些原先将自己划归经典心理动力阵营(即,通过解释来促成洞察)的治疗师中,现在有越来越多的人将自己划入了"体验式治疗的阵营"(Lilliengren et al., 2016; Neborsky, 2006)。以情绪为中心的治疗(emotion-focused therapy)(Greenberg, 2002,

2012）、以情绪为中心的夫妻治疗（emotionally focused couple therapy）（Johnson, 2004）以及加速体验式动力心理治疗（accelerated experiential dynamic psychotherapy）（Fosha, 2000; Fosha, Siegel & Solomon, 2009），都是一些承认情感调节在促进治疗改变中具有重要作用的治疗取向。迪纳、希尔森罗斯和韦伯格（Diener, Hilsenroth, & Weinberger, 2007）在对 10 项过程 – 结果研究的元分析中发现，患者的改善与治疗师进入并加工情感体验的程度显著相关。而且，其他研究人员（例如，Lilliengren et al., 2016）也提出，体验式动力治疗（强调潜在的情感）往往优于其他积极主动的疗法。

格林伯格（Greenberg）及其同事（Greenberg, 2002; Greenberg & Paivio, 1997; Greenberg & Safran, 1987; Greenberg et al., 1993）在过去的 30 年中，一直致力于帮助来访者学会在面谈中如何进入情绪，而且更为重要的是如何在积极的治疗联盟背景中反思这种唤醒的意义。在这种致力于改变的过程 – 体验性治疗取向中，格林伯格将其目标设定为帮助来访者"意识到他们的情绪，并有效地利用他们的情绪"（2004，第 3 页）。格林伯格以前的一位学生约翰逊（Johnson, 2004; Johnson et al., 2005）做了大量的理论研究与实证研究，将以情绪为中心的疗法运用于夫妻治疗，并结合了一种依恋的视角。福沙（Fosha, 2000）认为，心理治疗的目的在于帮助来访者加工情绪，使其日趋完善，从而促成积极的情感，如兴趣、好奇心、希望、兴奋等。研究已经表明，无论理论取向如何，在治疗一系列障碍时，治疗中情绪体验的深度都与积极的结果有关（例如，Lilliengren et al., 2016; Thoma & McKay, 2015; Whelton, 2004）。

概要

　　为了更好地理解与他人之间互动的关键作用（人际理论），人们对鲍尔比关于内在工作模型的丰富的发展性观点（根据依恋理论）讨论得更加热烈了，因为这种观点充满强烈的情绪本质（根据体验－情感理论）。让人充满希望的是，读者现在应该能够看清 TLDP 所依赖的这 3 个理论方面——依恋理论、关系视角以及体验－情感焦点——是如何结合在一起，以形成一个内在一致且相互关联的网络的，这个网络强调以下这些方面的重要作用：早期关系体验、双向情绪调节与协调、当前的人际互动、过程（而非内容），以及此时此地的人际学习与内在学习。在下一部分，我将介绍第四代短程动力治疗模型的基本前提与目标。

TLDP 原则

　　TLDP 有 9 条基本原则非常重要：

1.人生来就有想要与人建立并维持关系的驱动力。

　　在 TLDP 中，"想要与人建立并维持关系"被视为所有人的一种主要驱动力。根据依恋理论，我们生来就会被他人吸引。

2.适应不良的关系模式以及与之相伴随的情绪往往在生命早期获得，逐渐变为图式，并成为许多现存疾病的基础。

我们成年后与他人的关系模式通常根源于我们早期与照看者的关系。[1]这些早期经历会产生这些关系的心理表征或个体人际世界的工作模型。它们构成了后来有组织的、编码的体验性、情感性及认知性的资料["人际图式"（interpersonal schemes）]的基础，这些资料可以让儿童了解人际关联的本质、个人的自我感，以及获得他人注意并维持这种注意所需的行动。[2]然后，儿童就可以通过这些相互关联的网络的镜头筛选世界的信息。那种发生在儿童习得语言之前的前言语水平的编码，是由感觉、身体状态的变化、意象、嗅觉或前面提到的"感觉到的感受"组成。

例如，我以前有一位来访者（约翰逊先生），他的父母一直以一种专制、严厉的方式对待他。结果，在他还是一个小男孩的时候，就形成了过度顺从讨好的行为模式，因为这是他可以与他们保持联系的一种方式。他的早期经历导致他产生了这样的预期，即如果他不顺从，别人就会对他不好。由于他的逆来顺受可以带来某种水平的安全感（在那里，他可以避免被殴打或羞辱），于是就强化并加

---

[1]尽管有缺陷的人际交往风格通常是在生命早期习得的，但在某些情况下，成年后的经历（尤其是创伤性的经历）也有可能会显著地改变一个人的工作模型，甚至会导致不可逆的大脑损伤（Van der Kolk, McFarlane & Weisath, 1996）。

[2]在之前的作品中，我都使用 schema 或者 schemata 这个词来表示个体所拥有的内在工作模型（Bowlby, 1988），该模型代表了基于依恋经验的思想、情感以及行为的复杂机能网络。我喜欢格林伯格、赖斯以及埃利奥特（Greenberg, Rice & Elliott, 1993）提出的使用 scheme 一词的想法，因为这个词传达了行动与过程（而不是结构）的观念。但在我们的社会中，这个词也意味着奸诈与欺骗，因此，我没有使用这个词，而是使用了图式（schema）或工作模型（working model）。希望读者们记住，我在使用这些术语的时候，所指的并不是一个静态的模板，而是一个会导致行动的动态过程。

强了他已经内化了的关于其人际世界如何运行的工作模型。尽管在他还是一个孩子的时候,他的行为、预期以及自我意象帮助他过着一种具有适应性的生活,但成年后他还是前来接受了治疗,因为他没有朋友,过着一种充满恐惧与抑郁的生活,而且他无法坚持自己的权利。此外,他还感觉自己是一个失败者,这可以从他颓然下垂的双肩和经常发出的长长叹息声中可见一斑。在本书后面的章节,我将会回头继续探讨我对约翰逊先生的治疗,以此说明这种短程动力治疗模型何以能够治疗具有一种慢性的、弥漫性的、功能失调的风格的来访者。

3.关系模式以及与之相伴随的情绪之所以持续存在,是因为它们依然存在于当前的关系中,而且它们与个体对自我及他人的意识相一致[循环性因果关系(circular causality)]。

从 TLDP 的框架看,个体的人格不是固定在某一个特定的点上,而是随着他或她与他人之间的互动而动态地发生改变。尽管一种功能失调的互动风格可能开始于生命的早期,但由于这些人际关系方面的困难会继续发生,因此它必定会在整个一生中不断地受到强化。这看起来像是怎样的呢?

我们的理解是:约翰逊先生的顺从风格开始是一种"策略",为的是从父母那里获得一点点安全感。不过,从 TLDP 的视角看,只有当他人际世界中的其他人都以有些专制或惩罚性的方式来对待他,或者他人际世界中的其他人的行为非常模糊以至于他可以根据自己的世界观来对其做出解释时，约翰逊先生的顺从行为和自我意象才会得以持续。这是如何发生的呢？

　　基斯勒（Kiesler, 1996）在他关于人类沟通的原则中指出，在互动中，一个人传递给另一个人的信息往往"强加上了情绪参与的条件"（第 207 页）。我们生来就会基于自己情绪的"硬接线"以及我们从生活经验中所学到的东西来对这些线索做出反应。因为约翰逊先生是以一种屈从的方式来做出行为，作为一个成人，他常常会唤起、诱发或邀请人们（这通常也是无意识的行为，并且通常是在非言语的水平上做出的）以一种更为专横的方式来对待他。当面对他人的这些压迫性反应时，约翰逊先生往往感觉更为"自在"，因为他人盛气凌人的行为可以进一步确定他内化了的自我观——随着时间的推移，他的自我已经反映在了他人的评价之中。当他的顺从风格与他人的支配态度相吻合时，他会感觉很熟悉（感觉是"对的"），其部分原因在于这是根据人际互补原则以及他自己的以情绪为基础的图式来运作的。

　　约翰逊先生"诱发"此类互动的行为并不是自虐。相反，他顺从的生活方式得到了他人支配性反应的证实。这种互动所固有的真正危险，以及它们被认为有较大问题的原因在于，它们源自无意识的觉察，并且永远存在于无意识的觉察之中。而且，无意识，即这些人际舞蹈的内在本质，使得通过外显的言语交流（这种交流通常构成了治疗中的话语结构）变得困难很多。

　　由于这些内隐的关系策略反映了这种核心的依恋恐惧与渴望，

因此我们有可能会陷入一系列无休止的自证预言中，结果就会导致这样一种错觉，即生活就是这个样子的，期望事情变得不一样是"不切实际的"（或者压根就没有考虑过）。这个问题很复杂，因为这些折中的解决方式往往会导致真正的缺陷——互动技能、情绪智力的缺陷，甚至是组织自己的心理过程并使之保持连贯的能力的缺陷，正如前面所指出的，这有可能会给后代人带来毁灭性的后果。

　　这种对当下（present）的强调，对于在一个短程时间框架中治疗那些存在人际关系困难的来访者的治疗师来说，具有很大的启示。如果这些功能失调的互动，以及推动这些互动的内在工作模型在当下依然存在，那么，治疗师就可以在当下进行治疗，使来访者在个人的人际互动（情感－行为层面）、消极预期（认知层面）或者自我体验（感觉层面）的层面上发生改变。想一下，如果约翰逊先生生活中的其他人不以这样一种专制的方式来对待他——如果他们能够抵制他那种顺从风格的情感性吸引力的话，那么，可能会发生什么呢？此外，如果约翰逊先生情绪生活中早年被否认和受阻的部分可以出现在他的意识之中，得以表达和表现，那又可能会发生什么呢（Greenberg & Pascual-Leone, 2006）？改变也可以由内而外发生。

　　这种将关注焦点集中于此时此地的互动的做法与系统导向（systems-oriented）的取向是一致的。问题的背景以及围绕这个问题的循环过程都非常重要。"病理症状"并非存在于个体内部，而是由这个（病理的）系统的所有部分共同导致的。根据系统理论，如果你改变系统的一个部分，其他的部分也会相应地发生变化。

4. TLDP 中，来访者被认为是卡住了，而不是生病了。[1]

TLDP 认为，来访者是困在了一条沟渠中（这条沟渠是他们自己帮助挖的），而不是有缺陷。TLDP 的观点是，来访者待在那条沟渠中，与士兵在战争中挖掘散兵坑的原因一样——都是为了自我保护。治疗的目标在于帮助他们走出那个坑，然后放下他们的枪——这是为了给他们机会去看看将会发生什么。和平可能会被打破，世界可能是危险的，因为有人正朝它射击。恶性循环（vicious cycle）一词抓住了这种范式的本质。瓦赫特尔（Wachtel, 1993）指出了这种循环性心理动力（cyclical psychodynamic）的令人讽刺之处，在这种循环性心理动力中，个体最终会重新创造出那个让他或她最为害怕的情境。

继续说战争这个比喻，我记得有一部电影，说的是一个日本士兵，他一直守卫着太平洋上的一个岛屿，他并不知道第二次世界大战已经结束很多年了。这也正是我们许多来访者的命运，他们不合时宜地被困在了一个"防御系统"中，这个防御系统曾经作为必要的（适应性的）安全系统发挥过作用，但在许多年前就已经失去了它的有用性。这种观点也反映在了聚焦于解决方式（solution-focused）的治疗师的视角中——那种曾经能够解决问题的方式现在却成了问题。在一个人需要保护自己逃离无反应的父母或负面的儿童期情境时，挖这样一个坑的原因是可以理解的，但现在，这种保护却带来

---

[1]就像这样说可能也是有道理的，即治疗师有时候也是"卡住了"，而不能将他视为不适当的、不堪造就的，或者是"差劲的"临床医生。

了他正试图避免的一些状况。

5. TLDP的焦点在于改变适应不良的关系模式及与其相伴随的情绪。

　　TLDP 治疗师通常会关注患者生活中的人际关系主题，包括情绪内容和叙事内容。（在下一章，我们将对治疗师是如何辨别出这样的人际关系主题进行描述。）根据这些主题，治疗师便可以推断出治疗的目标，包括帮助来访者在情感和认知上改变与自我及他人建立关联的既定的（但却存在机能障碍的）方式。（下一部分，我们将讨论如何确定这些目标。）

　　从来访者所诉说的他或她以前和现在的关系、对于自我的态度，以及来访者在治疗中的互动方式等信息，我们便可以识别出这些主题。因为那些维持个体内在工作模型的内容有很多都无法反映在意识之中，因此，来访者通常不能直接地以及／或者连贯地对其进行讨论。不过，来访者在与治疗师互动的过程中会不可避免地表现出真实的自己，并通过他们的想法、感受和行为来"告诉"（tell）治疗师，他们的生活中有哪些方面出了问题。[1] 在获得这样一种理解的过程中，治疗师要关注来访者、与来访者的互动以及他自己的情绪体验。

――――――――――――

[1] 这种明显的"告诉"（telling）让我想起了埃德加·艾伦·坡（Edgar Allan Poe，1884/2000）的短篇小说《失窃的信》（*The Purloined Letter*），在小说中，一名勒索者将一封含有破案信息的信件藏在了非常显眼的地方。来访者也是"在非常显眼的地方"暴露出了他们有机能障碍的模式。

　　在某些治疗情境中，治疗师有可能会在他或她自己的内心体验到来访者的感受〔一种人际移情，或者从客体关系的视角看，是投射性认同（projective identification）〕，但在其他情况下，治疗师可能会有一种互补的反应（被来访者的行为拉着或推着以某种特定的方式去行动或感觉）。我很可能会因为一次又一次地尝试让约翰逊先生变得更为合作，但却没有成功而感到挫败。

　　这两种视角的共同之处在于，它们都是根据二人视角来看待这些互动的。来访者并非仅仅是将以前的感受与知觉迁移到一位中立的治疗师身上。相反，TLDP关于移情的观点更强调以当下为基础的互动，因此导致了迥然不同的干预策略。它与关系－人际流派一致，并不把移情视为一种歪曲，而是将其看成来访者对治疗师行为与意图的似乎有理的知觉（plausible perceptions）。

　　在TLDP中，治疗师不应该成为一个"空白的屏幕"，努力地保持匿名并避免表现出一丝的情绪（就好像这是有可能做到的一样！）。[1]从依恋的视角看，这样的一种中立姿态将具有相当大的破坏性。大家只要去看一段特罗尼克（Tronick）的视频（Tronick, Als, Adamson, Wise & Brazelton, 1978）就会明白：在这些视频中，他指示母亲们在其婴儿面前保持一张"平静的脸"（still face），目的是想看看当被剥夺面部反应时，这些儿童过多久就会在情绪调节

---

[1]事实上，弗洛伊德（1924）就曾说过（英译本），"医生应该让他的患者难以捉摸，并且应该要像一面镜子，除了他自己看到的东西，别的什么都不要让他们看到"（第118页）。

方面出现障碍。[1]

因此，从 TLDP 的视角看，来访者在治疗室中提供了关于他们看待人际世界方式的宝贵信息——不仅在内容方面（说出他们的故事），而且在风格方面（演示）。这真的是一种理想的情境。治疗师不仅可以听出中心主题，他或她还将有机会直接体验与"面前"的这个人建立关系会感觉如何。

不过，在对某些来访者进行治疗时，治疗师受到了严重的挑战，他们很难在参与者与观察者的立场之间灵活地来回变换（Sullivan, 1953），同时又要保持情绪调节的能力。这些来访者通常具有刻板的、有限的或极端的人际风格，同时还常伴有情感调节方面的问题。由于这些来访者（他们通常都被诊断出患有人格障碍）很难将治疗师视为一个安全基地，而且他们所具有的全部人际技能非常有限，因此，他们更可能导致治疗师做出互补的以及使其再次受伤的反应——这就是我所称的交互的反移情（interactive countertransference）（Levenson, 1995）。正如基斯勒(1982, 1988, 1996)所描述的，治疗师不可避免地会被"钩住"（hooked），对来访者呆板的、适应不良的模式表现出互补的反应。从 TLDP 的角度看，这种"钩"（hook）从本质上说是情绪性的，这使得它特别强大有力。因此，这些来访者会与他们的治疗师一起再次上演一场移情－反移情的舞蹈，这场舞蹈会在治疗的过程中逐渐展开。

---

[1] 关于这种平静的脸的范式的综述，可以参阅亚当森和弗里克（Adamson & Frick, 2003）的论述。

约翰逊先生就是这样的一个例子，这位来访者具有弥漫性的适应不良风格，这种风格推拉着我对他做出反移情性的反应。［要想了解对一位不那么刻板且在治疗师看来不存在调节障碍的来访者进行治疗的案例，可以参见第4章所描述的我对安（Ann）进行的治疗。］面对约翰逊先生这种顺从讨好型的风格，我发现自己比平常更为积极主动了。我感觉自己比平常更能使人安心，言谈举止也比惯常更像个权威人士。而且在某些时刻，我对他的哀叹自怜、悲伤忧郁的陈述以及"是的，但是"式回应感到挫败，这种情绪不自觉地通过我的措辞和语气流露了出来。

即使治疗师尽力使自己看起来很平静（虽然他们的内心被打乱、搅乱了）时，一些言语和非言语线索也会暴露他们的情绪反应。身体姿势（例如，一种紧绷的、蜷缩的、弯腰驼背的姿势）、面部动作（例如，咬紧下颚）、声调（例如，尖锐、断断续续）以及解释的内容（例如，贬低性的评论）的改变，都会传达出治疗师的情绪状态。尽管我从未表现出我的幻想——伸出手去，紧紧地揪着约翰逊先生的衣领，然后使劲地摇晃他，但有几次（现在保存在了一盘商业制作的录像带上，留给后辈观看），我的声音里表现出了嘲讽的意味，而且我的措辞中出现了一种俨然以恩人态度自居的倾向。[1]

例如，有一次，当约翰逊先生抱怨他已经成年的女儿"总是和她的其他朋友在一起，留下他孤零零一个人"时，我评论说："考

---

［1］Levenson, H. (1999). *Making every session count: An approach to time-limited dynamic psychotherapy*.

虑到你为她所做的一切，她至少该陪你度过余生。"应该指出的是，在这里，我有意识的意图是想对约翰逊先生的孤独感表现出共情，并促使他感受到他潜在的、由于被抛弃而产生的怨恨感的"合理性"。我以为自己道出了他的内心真实想法。但是，我所用的措辞与语气却传达出了我自己的恼怒与挫败感。这种反移情反应并不出人意料。这与约翰逊先生在和其他人互动时所发生的情况如出一辙。我对待约翰逊先生的方式就好像他是一个倔强的孩子，这在有时候对于他无助的、被动的、有需求的表现是一种完美的补充。（当然，我的方式越盛气凌人和自恃，他就会变得越顺从和讨好。）

治疗师在与这些来访者重新建立牢固（可调节的）基础方面所遇到的困难，会使得治疗工作变得相当棘手，并且经常导致他们给这些来访者贴上"难治"甚至"可怕"的标签。在这些情况下，治疗师可能需要投入大量的精力来调节自己的情绪，以至于他们很少有精力来进行手头的治疗工作。治疗师最终要做到重新获得他们的平衡感，并帮助他们自己（以及他们的来访者）开始一种更具奖赏性的互动方式，做到这一点非常关键。［在下一章，我们将提供更多关于这个"解钩"（unhooking）过程的详细内容。］

不过，正如前面所提到的，并不是所有来访者都会在治疗室中与治疗师一起表演一场功能失调的舞蹈。[1]这些来访者拥有更细微、更灵活、更具渗透性的模式，而且可以进行更多的自我反省。

---

[1] 在我以前的想法中（Levenson, 1995），我曾认为移情 – 反移情再次扮演是不可避免的。后来，基于实证数据（例如，Connolly et al., 1996）和临床经验，我改变了这种想法。

他们可以更容易地获得一个信任与安全的平台，这是安全基地，从
这个基地出发，他们可以和治疗师一起去分析"真实世界"中的人
际模式。这些治疗的焦点更为经常地集中于来访者与他们当下外界
生活中的重要他人之间的关系，而对于那些风格更为慢性和有限的
来访者，治疗的焦点则还需集中于治疗过程中所发生的再次扮演。
不过，不管来访者处于这个灵活－不灵活连续体上的哪个位置，最
终的焦点都在于与重要他人的关系，以及所涉及的以依恋为基础的
情绪。

6. TLDP关注的是个体内心的和互动的过程，而不是具体的内容。

读者现在可能已经很清楚了，TLDP是一种过程导向的模型——
关注于个体内部以及人与人之间所发生的事情，而不是关注于具体
的内容。不管来访者表现出的是什么样的问题或症状，TLDP治疗
师都会评估个体的问题，甚至是那些表现为内在斗争（内心冲突）
的问题，本质上仍是重复性人际循环（这些人际循环是由有问题的
情感或情感调节障碍所维持的）的产物。这种取向关注的焦点是与情
感相关联的行为的模式与顺序，以及该模式的每一个方面如何动态
地与其他方面交织在一起以产生一个整体的、有组织的格式塔。这
样，个体的情绪不仅是我们窥见其受损的依恋系统的一个锁眼，同
时也是打开这个系统的钥匙。例如，在一次对约翰逊先生的关键治
疗中，他不吃早饭就来接受治疗。将关注焦点集中于他是如何下定
决心不吃早饭的过程，就抓住了他一直以来的顺从风格的本质要素。

7. TLDP将关注焦点集中于一种主要的、有问题的关系模式。

尽管来访者可能因其心理状态和具体情境的不同而拥有不同的人际模式，但 TLDP 的重点在于识别一位来访者最为普遍、最成问题的人际关系风格。这并不是说其他的关系模式不重要。不过，将关注焦点集中于最为常见、最让人烦恼的互动类型，对其他不太重要的人际图式应该会产生一些影响，而且在时间紧迫时，这么做非常具有实用性。回到约翰逊先生的例子。对他的治疗主要集中于他的顺从行为，以及与之相伴的他对于自己和他人的感受。此外，他还有躯体化方面的问题，而且显得很孤立，不过这些不是治疗的直接焦点。对主要模式的推断要基于个体之间以及个体内部互动过程和情绪加工的多余信息。

8. 治疗师既是参与者，又是观察者。

当治疗师更多地意识到自己处于观察的模式中，他或她的角色就可能会表现为舞台动作设计者、教练员、过程顾问、指导者、拉拉队队长，以及教师等。承担着这些角色，治疗师就可以帮助来访者通过情感神经科学家所说的言语的、外显的、语言的过程，有意识地进入他们的情绪－人际生活，给其贴上标签，并让其逐渐理解自己的情绪－人际生活（Schore, 2003a, 2003b, 2006）。而当治疗师更多地沉浸在参与者的角色中时，他或她就与来访者处在了同一条战壕中。在这里，治疗师更多地意识到他或她自己是属于自己的个体，而不是扮演一个助人者的角色。从这个视角看，治疗师感觉自己尽管接受了专业训练，但也是一个有感情的人，正试图与另一个人建立关系。作为一名参与者，治疗师更多的是从有情绪卷入的、非自我意识的（non-self-conscious）立场来与来访者建立关系，这种立场能够让治疗师获知关于来访者的"不加思考就知道的内容"（unthought known）（Bollas, 1987）。有人认为这种能力是非意识的、非言语的、内隐的、情绪加工的"右脑"的功能（Schore, 2006）。治疗师常常在一名更善于理解的观察者与一名更善于实施行动的参与者之间不断地变换角色——从外显到内隐，从积极主动到被动接受。我们不应该将观察者 - 参与者角色一分为二，甚至不应该将其视为同一个连续体的两端，而应将其视为一种"两者／都"（both/and）的辩证统一体。[1]

9. 改变的过程在治疗终止后仍会继续。

TLDP 的首要目标是打破来访者回荡在个体内部以及个体之间根深蒂固的、反复出现的、功能失调的循环。尽管来访者也许有机会去冒一些人际风险（在治疗室内以及在治疗室之外），但这样的改变可能是暂时的、尚不成熟的。人们预期，随着时间的推移，当一个人在生活中拥有了更多的机会去体验更健康的行为，那么与他人的互动也会相应地发生改变，并且将会变得更具奖赏性。这样一来，个体将拥有更强的自我效能感和更好的情绪调节能力，从而增强安全感，并认为，进一步冒险以更为开放的方式与他人建立联系

---

[1]　即使在治疗师觉得他或她自己是一位观察者的时候，我也同意沙夫兰和穆兰（Safran & Muran, 2000）的观点，即治疗师在某种程度上一直都是一位不知情的参与者，他对于治疗关系中所发生的事情充其量也是一知半解。

是非常安全的。这些更健康的行为会含蓄地引致他人做出更积极的回应，从而导致与他人更富有成效的互动、更为完善的自我感等等。在拥有了足够多的此类经验之后，这些更具适应性、灵活性的"良性"循环就会改变先前具有抑制性的内在工作模型。我们周围的一些事情就是这样发生的。正如我想说的，治疗过程是结束了，但在来访者的整个余生，治疗工作还会在外部世界中继续进行。

目标

TLDP 有两大主要目标：（1）为来访者提供新体验（new experiences）（不仅包括来访者内部的新体验，还包括人际关系方面的新体验）；（2）为来访者提供新理解（new understandings）（不仅包括对来访者内部情绪变化的新理解，还包括对来访者与他人之间关系变化的新理解）。不过，我们不应将这些目标（新体验与新理解）以及焦点（来访者内部的焦点和来访者与他人之间的焦点）视作两分的、独立的、具体化的实体。相反，这些目标与焦点的设计是为了给治疗师提供具有启发性的、有用的参照对象，这些参照对象可以引导他们在阐释与干预策略方面做出概念上更为清晰的选择。

新体验

体验式学习涉及更为健康、更具功能性的关系互动，这样的互动挑战了循环性适应不良模式，并促成了一种更为积极、较少防御且扩展了的自我感，以及一种对他人的更为积极的预期。这一目标强调改变的情感成分与行动导向成分：以不同的方式去感觉（意识到要以不同的方式去感觉，以及与之相伴随的，在此过程中要以不同的方式去行动），反之亦然——以不同的方式行动，意识到要以不同的方式去行动，并在此过程中以不同的方式去感受。

强调体验式学习，对于那些适合于 TLDP 的来访者来说有很大的启示。不仅仅那些内省的、自我反省的、聪明的以及言语表达能力强的个体可以从中受益，甚至那些缺乏心理头脑的人，还有那些习惯具象思考的人，通常都知道自己何时拥有了一种新体验。他们知道什么时候发生了某件超出其平常的参考框架的事情。他们也许不能充分地概念化这种新体验，甚至不能谈论这种新体验，但他们通常有一种感觉到的感受（Gendlin, 1991），即他们正遭遇某件意料之外的且可能有价值的事情。这种强调以拥有一种新体验为主要目标的做法，相较于其他许多心理动力短程治疗（这些治疗聚焦于通过解释来理解），使得我们能够接纳更广泛的来访者群体。

强调体验式学习的另一个原因是这种学习对于改变的影响力度。在你成为一名临床医生之后，不用很久就会遇到这样的来访者，他们可以很有见识地，甚至富有洞察力地谈论自己的动力(dynamic)，尤其是如果他们接受过多种以洞察为导向的治疗就更是如此。他们有时候能够雄辩地谈论他们对于超越父亲的恐惧、对于承诺的抑制，甚至是他们的"俄狄浦斯冲突"。有时候，他们甚至可以提供自己的 DSM 诊断。但通常情况下，他们并没有过上更快乐、更充实、更具奖赏性或更具机能性的生活。"真理"并没有让他们摆脱病痛，这挑战了将获得洞察作为唯一目标的做法。

现在，在对我之前提出的"新体验"概念（Levenson, 1995）进行详尽的阐述时，我发现存在着两种主要类型的新体验——聚焦于人际体验的新体验与聚焦于内部过程的新体验。[1] 第一种我前面已经写到过——这种新体验是当一个人对他人做出非典型人际行为时产生的。第二种聚焦于内部过程，发生在来访者体验到情绪的直接改变时。经验理论家、以情绪为中心的治疗师以及发展神经科学家的研究都对这种将关注焦点集中于内部的取向产生了影响。从 TLDP 的视角看，这两种体验式学习的共同之处在于，治疗师会鼓励所有能够打破来访者惯常的、僵化狭隘行为倾向的感受、想法或行为。

应该指出的是，这并不是在提供"足够好的"一般体验。治疗师需要从所有的尊重人的、成熟的干预方式中做出明确的选择，选择出的这些特定方面最能削弱来访者功能失调的特定风格的基础。通过对来访者的适应不良模式（阐释）的透彻理解，治疗师便可以确定哪种新体验（哪些新体验）将最有可能颠覆来访者适应不良的互动与自我观。[2]

---

[1] 不过，读者应该明白，即使在治疗师聚焦于来访者的内部过程时，这在某种基本的层面上说也是一种双向的关系行为。

[2] 阐释案例的 TLDP 方法将在下一章谈及。

聚焦于人际关系

要获得一种新的人际体验，来访者必须向前迈出一步（与他们的治疗师以及／或者生活中的其他人一起），直面焦虑或其他某种想要回避的情感状态，如羞怯或无助等。当来访者冒险以不同的方式做出行动，他们就会直接地通过本体感觉通道和情绪通道，以及间接地通过有意识地注意到自己不同的行为方式并将这种意识心智化，从而以不同的方式体验自己。

在迈出新的步子以后，不管他们采取的形式是情感表达的转变（比如挑衅地盯着另一个人）、言语输出（告诉某人他想要的是什么），还是身体动作（站在原地不动），来访者都会观察到（有时候会屏住呼吸地观察）他人的反应，这些反应是通过其情绪表现、言语以及／或者行为表现出来的。通过这种方式，个体不仅拥有了新的自我体验，还获得了对他人的新体验，以及对于他们之间共同互动的新体验。随着时间的推移，这些新体验（尤其是那些曾被有意识地注意到并加以评价的新体验）往往有机会去改变以前的内在工作模型。当不同的行为出现并得到了奖赏时，新的模式就会逐渐形成，而以前的模式就会被放弃。

由于来访者最初功能失调的风格是通过一系列有密切关联的、重复发生的前因与后果而在人际关系中习得，那么，一种更具机能性的人际风格就可以通过一系列新的前因与后果而习得。因此，在机能障碍是如何发生的（在人际关系中）以及如何对它进行改善（在人际关系中）之间存在着一种同构性（isomorphism）。这种与情感相联系的行为学习是 TLDP 实践中非常重要的成分。正如弗里达·弗罗姆－赖希曼（Frieda Fromm-Reichman）所说，患者需要的是一种体验，而不是一种解释。

人们之所以不会很快抛却那些适应不良的模式，主要原因在于，人们往往会回避那些他们视之为忧虑来源的东西。这种回避行为会因为它能够让个体一直处于低水平的焦虑状态而得到强化（这是一种负强化）。真正的危险在于，这种防御性回避会长期存在，并且会剥夺个体抛却错误归因的机会。例如，一个小时候曾被某只狗咬过的儿童，现在会试图回避所有的狗（有时候甚至没有有意识地觉察到他或她自己为什么要这么做）。而且，这种情况甚至会变得更加复杂，因为只要这个儿童的附近有一只狗，他或她就会表现出焦虑的行为，而这种行为方式又会导致那只狗做出更具攻击性或其他不友好的行为，从而强化这个儿童最初的恐惧。我们很容易就能理解这样一种必要性，即有必要帮助这个儿童去靠近狗，并维持足够的调节，以引起一种不同的、更让人感到愉悦的反应。因此，在很多情况下，从个体的视角看，事情在让人感觉更好之前，往往会让人感觉更糟。

让我们回到约翰逊先生的例子。在很小的时候，他健康活泼的天性就遭到父亲的严厉对待，这导致约翰逊先生害怕他的父亲，并导致他不敢表达自己的情感，最终甚至不敢去感受自己内心的活跃情感。后来，这种害怕泛化到了其他人身上，由于担心坚持自我会引发焦虑（这种焦虑确实会在他尝试表达主张时重现），这进一步强化了约翰逊先生的讨好行为（而且很可能也加剧了他的孤立状态）。对约翰逊先生有所帮助的做法是，让他拥有一系列（包括在我的治疗室内，也包括在治疗室之外）的新体验，在这些体验中，他可以自信地表达自我，而不会招致他非常害怕的惩罚。

这种体验式学习与其他类型的治疗程序之间存在一些相似之处，如通过暴露来治疗情感恐惧（McCullough et al., 2003）、体验式驳斥（experiential disconfirmation）（Safran & Segal, 1990），以及通过来访者的测试（Sampson & Weiss, 1986）。亚历山大与弗伦奇（Alexander & French, 1946）的矫正性情绪体验概念（在前一章中已经谈及）也适用。

聚焦于个人内部

第二种类型的体验式学习聚焦于直接改变［即，转换（transforming）］个体内部的情绪（也就是说，不是冒着人际风险去降低焦虑）。直接转换情绪的一种方式是用情绪改变情绪（Greenberg, 2002）。"一种适应不良的情绪状态最好是通过另一种更具适应性的情绪来'消除'它"（Greenberg & Pascual-Leone, 2006, 第 618 页）。这样做，就可以直接促成一种积极的情绪状态。就来访者的主观感觉而言，事情在让人感觉更好之前，不会让人觉得会变糟。

格林伯格和帕斯夸尔－莱昂内（Greenberg & Pascual-Leone, 2006）提出了一个恰当的观点，认为用情绪改变情绪不仅仅是宣泄、暴露或衰减。它事实上是引入了一种新的（不相容的）感受，这种新的感受会消除、整合和改变以前的感受。他们举了一个例子，以说明可以如何引入适应性的愤怒来改变来访者适应不良的恐惧。"因此，在恐惧时逃跑的行为倾向……被转换成了勇敢面对的倾向，这种勇敢面对是新习得的在遭到侵犯时表现出愤怒的一部分"（第619页）。

再次回到约翰逊先生的例子。在第二次治疗中，他抱怨这样一个事实，即他"不得不"借钱给他那个已经成年的女儿，让她可以和她的"其他朋友"在一起，而不是和他在一起，这让他感到很孤独、抑郁和没有价值。尽管他体验到的是这些无力的感觉，但我还是（通过确认、提高、反省以及重新组织）放大了他对女儿过去对待他的方式所产生的一点点尚未成形的愤怒。到为期20次面谈的治疗结束的时候，约翰逊先生觉得他有权力拥有"正当的愤怒"；他感觉更有活力了，而且他的抑郁症状明显减轻。此外，他有力的态度和行为产生了良好的人际结果——他的女儿居然开始更习惯围绕在他身边，而这是他最为想要的。

与直接转换情绪这一主题相关的，是体验与加工积极情绪（positive emotions）的作用。心理治疗的首要焦点是减少或消除消极情绪（例如，抑郁、焦虑），而很少关注促进积极情绪。不过，实证研究结果表明，积极的情绪"会拓宽一个人全部的思维动作机能，同时还能'消除'与消极情绪以及特定行为倾向相关的生理唤醒"（Bridges, 2006，第553页）。此外，它们也具有适应性，因为它们会带来更具创造性的问题解决方式（Fredrickson, 2001），那些具有心理弹性的人通常会使用积极的情感来对抗消极的情绪体验。这是一种思考治疗中所发生之改变的不同方法，对于短程治疗以及建立个人力量具有重要的意义。[1]

　　另一种直接转换情绪的方式是通过来访者与治疗师之间的共享内隐关系（shared implicit relationship）——斯特恩等人（Stern et al., 1998）称之为"比解释'更重要'的东西"（第903页）。针对照看者和婴儿所做的关于改变的发展过程的研究表明，治疗师就像"足够好的"父母一样，会体验到与来访者的动机与欲求的主体间一致性，以及通过共情性联系、想念和修复而获得相互的、情感的协调。此外，来访者可以从治疗师情绪稳定的（以及正在调节的）在场（一种温和的声音语调，一种沉着的眼神凝视）中感觉到，此处没有什么可害怕的。这就像当一只陌生的狗跑过来时，一个感到害怕的孩子身边站着他的母亲——这个孩子会看妈妈一眼［即，反映性评价（reflective appraisal）］，目的是看看是否需要担心。那个孩子在那一刻的感觉是害怕，母亲知道他害怕，而母亲的镇静就是传递给他的直接信息。

　　西格尔（Siegel, 2006）及其他人（例如，Cosolino, 2006; Iacoboni, 2008）在论述神经科学与人际过程时总结道：

----

[1] 也可参见《心理治疗整合杂志》（*Journal of Psychotherapy Integration*）（特刊：心理治疗中的积极情绪，2008），专门讨论了关于治疗中使用积极情绪的理论与研究。

对患者保持共情，也许不仅仅是一件能够帮助他们"感觉更好"的事情；它还可能会引起一种新的神经激活状态……这种神经激活状态会提高患者自我调节的能力。它最初表现为共享情感与认知状态的一种人际整合形式，现在发展成了患者的一种内部整合形式（Siegel, 2006, 第 255 页）。

这就是获得了另一个人发自心理（Fonagy & Target, 2006）和内心（Fosha, 2000）的理解，这种理解会带来一种安全感、可靠感以及各种二元、双向、稳定的积极情感状态。[1]

同样，福沙（2000）也很有说服力地谈到了核心情感本身的治愈力："激活来访者体验深层情感的能力，可以让他感受不加防御地发挥功能的滋味"（第 271 页）。通过使用"外显共情（explicit empathy）和根本性参与（radical engagement）"概念，福沙描述了治疗师需要使用生动的、富有表现力的语言和简短的句子，才能帮助来访者在整个治疗过程中接受并深化他们的情感。同样，约翰逊（Johnson, 2004）列举出了治疗师可以用来帮助来访者更充分地体验其基本情绪的方式（例如，通过放慢节奏、温和地说话、使用图像等）。福沙（2000, 第 272 页）和约翰逊（2004, 第 109 页）（他们两人都是短期治疗的支持者）不约而同地谈到了需要用声音的特质、眼神的交流，甚至是身体的轻触来"抓住"（holding）来访者，这并非巧合。

---

[1] 在神经元结构与过程（例如，镜像神经元系统）领域，有一些基础研究表明，我们有能力去体验和表征他人心理的意向（Gallese, 2003），从而有人推测，这可能就是共情的根源。

　　最近，有几组临床医生和研究人员（例如，Lane et al., 2015）提出了"再巩固假说"（reconsolidation hypothesis），以帮助解释这种（通常是突然发生的）治疗改变。根据这一理论，治疗须先重新激活来访者以前的记忆痕迹，使其再次变得不稳定，然后在记忆再次巩固之前"插入"新的、更具适应性的学习，从而更新先前所巩固的（通常是创伤性和／或功能失调的）情绪记忆。莱恩（Lane）及其同事（2015）提出，治疗改变的基本要素（无论其理论取向如何）包括以下内容：

　　（1）重新激活以前的记忆；（2）通过（记忆）再巩固过程，产生新的情绪体验，并将其融入这些重新激活的记忆中；（3）通过在各种背景下练习一种新的行为和体验世界的方式来强化这个加以整合的记忆结构。（第1页）

　　通过这种方式，在人们眼中，心理治疗不仅会提供新的、更具适应性的体验，而且通过永远改变过去那些令人不安的情绪记忆来提供终极的"矫正"。[1]

新理解
　　TLDP的第二个目标是提供一种新理解，以帮助来访者反思他

---

[1] 不过，帕蒂希斯（Patihis, 2015）提醒治疗师在将再巩固假说应用于治疗时要持开放的怀疑态度。

们的情绪体验与关系体验，并赋予其意义。这个目标更侧重于利用个体通过语言来象征体验的能力。与经验加工一样，在 TLDP 中，认知加工也从 2 个视角进行——一个更侧重个人内部的视角，另一个更侧重人际的视角。

聚焦于个人内部

从个人内部的视角看，治疗师可以非常接近来访者在治疗过程中唤起并表达出来的即时性情感状态（moment-to-moment feeling states），并促进来访者理解这些情绪体验的相关性与意义。例如，约翰逊先生和我开始理解，他过去之所以一直避免对女儿表现出愤怒，是因为他怕这样的愤怒会表示他很"自私"。有了这样一种理解，来访者就可以反思他们迄今为止没有承认或误解了的情绪体验，赋予先前并不存在的体验以意义，以及 / 或者在一种更富有成效的、更为充分连贯的叙事中重新塑造原来的意义。

聚焦于人际关系

这里的目标是为了帮助来访者确定、了解并理解他们的互动模式（interactive patterns）以及这些模式出现并得以维持的原因。要实现这些目标，治疗师可以使用常见的心理治疗技术，如反省、解释、澄清、面质，以及谈论来访者与治疗师之间出现的任何模式。要促进一种新的人际关系理解，TLDP 治疗师可以强调来访者与治疗师、过去的重要他人、现在的重要他人的互动中反复出现的模式，以及那些涉及来访者如何对待自己的模式。

当来访者看到自己在生活中与不同人的交往过程都非常相似时，他们就会开始辨认出自己的模式。事实上，我经常给来访者布置"家庭作业"，让他们练习发现自己在日常生活中与重要他人的互动中重复出现的特定动力。这种新的视角让他们可以审视自己在维持与他人之间不良互动中所扮演的积极角色，并促进自我观察。一旦来访者能够识别出这些功能失调的模式，并将这些模式与他们自己的感受联系起来，那么，当这些不良互动即将发生时，他们立刻就能意识到。这种日益增强的敏感性使得来访者能够看到，甚至是预期，他们有机会以不同的方式去做一些事情。[1]

从一种真正的人际关系视角看，治疗师也会调整他或她自己的即时性感受，反思这些感受，将其视为对他或她的交互反移情的解读——这是在那一刻与来访者关系的快照。对这些互动反应进行认知加工，不仅可以让治疗师能够重新调节他或她自己的唤醒水平（在必要的时候），还可以启发治疗师对来访者功能失调的适应不良模式进行治疗阐释。作为归纳—演绎相互反馈回路系统的一部分，这种阐释反过来也会提供一种连贯的叙事，这种叙事可以帮助治疗师认识到自己和来访者身上出现的相关情感状态。在治疗师帮助来访者描绘其互动模式时，他或她同时也会对来访者进行治疗，使其

---

[1]宾德（Binder, 2004）借用了舍恩（Schön, 1983）的一个概念，称这种能力为"在行动中反省"（reflection-in-action），这个概念的意思是实时地评价和修正某人自身行为的过程，其目的是在行为发生时可以改变行为。尽管宾德用这个概念来指治疗师的能力，但这种能力对于来访者来说也非常重要。

意识到，从这一视角看，"责备"这种想法是没有多大意义的。这并不是说某人先扔了一块石头，因此他就是肇事者，而另一个人就是受害者。相反，它说的是，所有成员都会陷入一种动力，这种动力会将他们拖入行动与反应（acting and reacting）中，并因此进一步证实他们最为糟糕的恐惧与预期。我非常喜欢苏·约翰逊（Sue Johnson, 2004）使用以情绪为中心的夫妻治疗方法，帮助一些夫妻认识到，他们的"敌人"不是他们的配偶，而是他们所陷入的互动循环。

在约翰逊先生的案例中，他开始理解妻子是将他的被动性理解成了对她不感兴趣。而且，他认识到，她的"苛求"行为事实上是她在试图让彼此更亲近一些。他开始意识到，他们两人都陷入了一个功能失调的、适应不良的人际循环之中。

TLDP 不仅鼓励对他人持一种不责备的态度，它还鼓励对自我也持一种不责备的态度——促进自我同情，并因此减少来访者的羞愧感和 / 或内疚感。治疗师可以通过帮助来访者理解其行为反应与情绪反应的发展历史，从而帮助他们消除这些反应的病理症状。从 TLDP 的视角看，各种感受和功能失调的行为是个体在不可能形成安全、可靠的依恋时，为了适应危险情境而做出的尝试。例如，在治疗过程中，约翰逊先生开始理解，小的时候，为了避免被打，他不得不表现得非常顺从和过度警觉，而且至今依然与父母保持着这样的联系。他开始意识到，他的温顺态度和退缩行为事实上是他为了"保持和平"而做出的最大努力。这种认识使得他可以从一种不同的视角来看待自己当前的人际风格，并让他对自己童年时期的困境产生了某种共情。

治疗师对于循环性适应不良模式在治疗过程中的再次扮演所做的观察（包括治疗师对他或她在互动中感觉自己如何被推拉的自我暴露），为来访者提供了一次可能非常有效的体内学习机会。通过弄清楚这种模式是如何出现在治疗关系之中的，来访者便拥有了（很可能是第一次）在相对安全的环境中对这些行为的本质进行分析的机会。治疗师与来访者可以离开互动这个热点问题，然后就他们之间刚刚发生的事情——那些共同引起的以及再次引起的事情——进行元沟通（metacommunicate）。

当然，来访者能够在多大程度上领会、泛化以及扩展任何新理解，常常会受到以下因素的制约，如他们的智力、内省能力，以及心理感受性（psychological mindedness）等。[1]对于一些习惯具象思维的来访者来说，他们或许最多只能理解他们的行为与他人的反应之间是一种线性关系。其他心理更为成熟的来访者则能够意识到他们的互动模式之间的细微差别，能够描绘出他们的人际关系模式是如何开始的，并能够辨别出他们当下可能会表现出来的微妙风格。

---

[1] 不过，依据依恋理论进行的一些相关研究提醒我们，一个人的心理感受性或心智化能力可能会受到他在多大程度上接触连贯叙事的影响（例如，Fonagy & Target, 2006）。因此，我们不能忽视这样一种可能性，即以一种连贯的方式理解和评价自己的模式，可以促进这种心理感受性，从而将一直以来所看到的东西视为短程治疗的先决条件，并使其成了一个结果。

一种和解

虽然我对新体验与新理解做出了区分，但在"现实生活"中，它们都是一个相互关联的整体的一部分。也就是说，新体验涉及认知表征，而新理解（如果它们不仅仅是理智化的话）包含情感成分。在这里，我将它们作为不同的概念来介绍，是为了帮助那些学习该模型的人可以更精确地选择他们的干预措施。此外，我发现，心理动力取向的治疗师一直以来所接受的训练要求他们用解释来进行干预，以至于强调一种新的关系体验的重要性就有助于提醒他们，（用一句老话来说）"一次体验就胜过千言万语"。体验式临床医生（例如，Greenberg & Paivio, 1997）、心理动力理论家（例如，Fonagy & Target, 2006）、人际神经生物学家（例如，Siegel, 2006）、情感神经科学家（例如，Panksepp, 2016）以及发展研究人员（例如，Hesse, Main, Abrams & Rifkin, 2003）都一致认为，某种形式的体验式学习与认知学习之间的往复交织具有一种整合的机能，可以带来更为健康的个人功能与人际功能。[1]

在下一章，我将会讨论 TLDP 理论用于实践的过程。

---

[1] 在阅读了本书的前一版后，史密斯（Smith, 2012）评论道，"利文森……强调了在治疗过程中关注个人内部因素和人际因素的重要性。通过这样做，她开始确立了一种新的综合取向，将那些关注情感的方法与关注关系模式的方法结合到了一起。这两种方法就是治疗实践的两条主线"（第82页）。

治疗过程

CHAPTER FOUR

本章介绍了限时动力心理治疗（time-limited dynamic psychotherapy, TLDP）中阐释与干预的方法。此外，我还提供了一个详细的案例来加以论证。

阐释：循环性适应不良模式

第四代短程动力治疗师与其前辈们的区别之一是，他们阐释案例的方法更为明确、更结构化。就 TLDP 而言，这一过程被称为循环性适应不良模式（cyclical maladaptive pattern, CMP; Schacht, Binder & Strupp, 1984）。CMP 描述了人们随其情绪而陷入的循环式模式，其中包括呆板的自我延续行为、自我挫败的预期以及负面的自我评价，它们还导致了与他人之间功能失调的、适应不良的互动（Butler & Binder, 1987; Butler, Strupp & Binder, 1993）。

CMP 提供了一个组织框架，从而使得大量资料能够为人们所理解，并得出了许多富有成效的假说。与其他的现代短程动力心理治疗一致，人们通常也并不将这种阐释方法视作"真理"的压缩版本，而是将其看作一种似乎有理的叙事（plausible narrative）——包括一个人当前互动世界和过去互动世界的主要成分。正如施特鲁普和宾德（Strupp & Binder, 1984）所界定的，它是一张关于领土的地图——而不是领土本身。一种 TLDP 阐释应该为整个治疗提供一个蓝图。它应该描述出个人内部动力与人际动力的性质，导出对目标的界定，指出来访者（与治疗师）何以会出现情绪失调以及何时可能会出现情绪失调，指导特定的干预，使治疗师可以预期面谈时的再次扮演以及面谈之外的再次扮演，并提供方法来评估治疗是否在正确的轨道上——不仅根据治疗终止时的结果，而且根据治疗中的小结果（mini-outcomes）来进行评估。因此，CMP 与治疗过程紧密相连。通过帮助治疗师以与治疗目标相关的方式进行干预，治疗可以同时具有时效性和有效性。

　　对于短程治疗师来说，选择在什么时间阐释案例是一个两难问题。如果我们太晚进行阐释，那么治疗就可能在我们知道如何干预之前就半途而废了。（还记得我做实习医生时曾进行的为期 3 个月的评估的经历吗？）如果我们过早地进行阐释，那么，治疗师就可能会沿着错误的或次要的路径进行治疗。一般来说，一位治疗师在不同的情绪关系模式中看到的重复之处越多，他就越有信心早些进行阐释。因此，对那些风格有限、刻板的个体的表达进行阐释会更容易一些。他们的行为通常非常刻板，以至于更容易在他们的叙事以及与他人的互动［包括治疗中的移情 - 反移情再次扮演（transference-countertransference reenactments）］中发现功能失调的主题。而对于那些更为微妙或者仅在某一特定状态或情境下才出现的功能失调的互动模式，就更难对其进行阐释了（但在这种情况下，治疗通常也更容易）。最佳的建议是，将 CMP 看作一种易变的、个体化的、有效的阐释，这就意味着它需要在整个治疗过程中不断完善。

092   短程动力疗法   >   >   >   >   >   >

CMP范畴

CMP包括4个范畴，围绕着这4个范畴发展出了一种主题叙事。在我最近的思考中，我意识到，这些功能失调的循环是通过情感结合到一起的，并且这些循环中也到处渗透着情感——也就是说，情绪过程构成了CMP的潜在结构，并且为内化了的工作模型发挥了一种组织和指导的作用。这与以下这样一种立场是一致的，即"情绪不仅仅是情感，而是一个关于想法、感受、动机、预期、感觉经验及身体经验的动态网络"（Greenberg & Paivio, 1997, 第3页）。

（1）自我的行动（act of the self）。[1]自我的行动包括来访者那些具有人际关系性质的想法、感受、动机、感知及行为。例如，"当我遇到陌生人时，我会认为他们只顾自己利益"（想法）。"我害怕去参加舞会"（感受）。"我希望我是舞会上活跃气氛的人"（动机）。"她看起来是站在我这边的"（感知）。"当我对丈夫感到很愤怒时，我开始哭了起来"（行为）。有时候，这些行为模式如上述例子能被意识觉察，但有时候不能。特别需要关注的是那些未被察觉的、被否认和/或被歪曲的情绪，以及与这些情绪相伴随的依恋需要。

（2）对他人行为的预期（expectations of others' reactions）。这个范畴涉及个体想象他人将会如何对他或她的行为做出反应的所有陈述。"如果我犯错误的话，老板就会炒了我。""如果我去跳舞

---

[1] 施特鲁普和宾德（Strupp & Binder, 1984）在循环性适应不良模式（CMP）的四个组成部分中都特别强调"行动"（即"行为表现"），因为他们想摆脱那些使用静态特质（例如，内倾的、浮夸的）或抽象的理论概念（例如，受到压抑的口欲）来进行的阐释。而且，他们觉得，一种具体的行为可以更为容易地唤起治疗师的同理心，因为他或她可能会回想起自己曾以相似的方式行事。这种对于"行动"的强调与"以情绪为中心"的取向是一致的，在以情绪为中心的取向中，情绪的功能之一就是引发行为倾向。

的话，没有人会请我跳的。"一个人的绝大部分预期是由他或她持有那种预期的情绪效价组成的。通常情况下，这些预期揭示了个体深层的依恋恐惧——他们在逃避什么以及为何逃避。

（3）他人对自我的行动（acts of others toward the self）。第三个类别包括来访者所观察到的（或假定的）和解释的他人行为。"当我在工作中犯了一个错误时，我的老板那一天都避着我。""当我去参加舞会时，有男的请我跳舞，不过只是因为他们可怜我罢了。"个体感知到的他人行动，通常是个体做出某些行为及产生相关情感的根本原因。

（4）自我对自我的行动［acts of the self toward the self，即，内投（introject）］。这个部分包括来访者关于自己的所有行为、感受或想法——此时，他把自我看成是客体。[1]来访者是如何对待他们自己的？"当没有人邀请我跳舞时，我告诉自己那是因为我太胖、太丑、太不可爱了，于是给自己倒了一杯酒。"个人的内投围绕的通常都是自我谴责行为、不足感和完全没有价值的感觉。在上面提到的例子中，个体意识到了这些感受，并能够用语言表达出来。但人们往往意识不到他们传递给自己的那些负面信息。不过，举例来说，通过来访者所使用的字词（例如，"我本应该……"）、声音特性（例如，嘲笑）、姿势（例如，瘫倒）以及内脏变化（例如，肠胃不适）等，我们可以清楚地捕捉到这些信息（"一览无遗"）。

---

[1] 100多年前，社会学家库利（Cooley, 1902）称这些反思性自我评价为"镜像自我"（looking-glass self）。

在这里，治疗师也必须时刻对来访者行为中出现的细微变化保持警觉，通过这些细微的变化，治疗师便有可能理解来访者内投的情绪基础。

我在举办 TLDP 工作坊时，喜欢展示《纽约客》的一张漫画，这张漫画捕捉到了他人行为与自我观点（内投）的外在—内在相互作用的本质。在这张漫画上，一只狗站在一堆撕碎的纸片中间，嘴巴里还叼着一张很能说明问题的纸屑，它看着镜子中的自己和一地的狼藉。它对着镜子里的那只狗说："坏狗！"

（5）治疗师的交互反移情（therapist's interactive countertransference）。除了施特鲁普和宾德（1984）最初概述的 CMP 的 4 个范畴外，我还补充了第五个范畴——治疗师的交互反移情。你对来访者的反应是怎样的？你被拉着做了什么或没有做什么？你的内脏、大脑、内心里发生了些什么？尤其是对于那些风格刻板的、"难治的"来访者，治疗师的内在反应和外在反应可以为理解该来访者终身功能失调的互动模式提供重要的信息。考虑到来访者的人际关系模式，人们对来访者的反应通常是有道理的。[1]当然，每一位治疗师都拥有独特的人格，这可能会导致他们对来访者的反应有特定的细微差别，但从 TLDP 视角所得出的假设认为，治疗师的行为

---

[1]艾维（Ivy, 2006）在写到良好阐释的特征时，以我（Levenson, 1995）的 CMP 版本为例。他认为，阐释过程的步骤清楚明晰，而且，理论模型直接明了、简单易懂。他还特别指出，"它将治疗师对患者的情绪反应也包括其中，并将其作为阐释信息的一个来源"（第325页），这一点与先前的心理动力阐释模型不同，后者假定治疗师是超然的、中立的。

主要是由来访者的唤起模式决定的。[1]

案例阐释的步骤

表 4.1 呈现了在推导 TLDP 阐释方面所涉及的 3 项主要任务：评估、概念化和治疗计划。

表 4.1   TLDP 阐释的步骤

评估
1. 让来访者用他或她自己的语言和方式说出自己的故事。
2. 引入一段锚定的历史。
3. 注意叙事中的情绪色彩（包括非言语的迹象）。
4. 探索与症状或问题相关的情绪—人际背景。
5. 使用 CMP 范畴来收集、组织和探查信息。
概念化
6. 倾听来访者互动行为及相伴随的情绪中的主题（在过去和现在的关系中，以及与治疗师的关系中）。
7. 觉察到他或她的互动模式和情绪模式（反移情中的推拉）。
8. 警惕治疗关系中功能失调的互动的重现。
9. 形成来访者功能失调的主导情绪—互动模式的 CMP 叙事（临床叙事描述）。
治疗计划
10. 使用 CMP 来阐释哪些新体验（个人内部的以及人际的）有可能会导致更具适应性的关系（目标 1）。

---

[1] 这并不是说，治疗师自身的人格以及 / 或者特异性问题在任何时候都不会干扰治疗。有研究者称之为经典反移情（classic countertransference）（Gelso, 2004）。在这些案例中，为了限制对治疗的所有不利影响，咨询、督导以及 / 或者治疗师的个人治疗是必需的。另一方面，人们认为，交互反移情是对来访者风格的一种更为普遍的反应，对于理解来访者的动力来说非常有用。

续表

治疗计划
11. 使用 CMP 来阐释哪些新理解（个人内部的以及人际的）有可能会导致更具适应性的关系（目标 2）。
12. 在整个治疗的过程中不断修订和完善 CMP。
13. 在进行上述每一个步骤时都要考虑到文化因素的影响。

　　在这些任务之下，有 13 个步骤可用于阐释案例。我们不应将这些步骤视为以一种线性的、刻板的方式来运用的独立程序，而是治疗师以一种可变动的方式来使用的指南（Levenson & Strupp, 1999）。

评估

　　要推导出一种 TLDP 阐释，治疗师在最初的面谈中就要让来访者说出他或她自己的故事（步骤 1），而不是依赖于传统的精神病学访谈来收集发展史、教育背景等具体信息。通过倾听来访者以何种方式讲述他或她的故事（例如，恭敬地、慎重地、戏剧性地）、故事中包含了哪些信息（例如，大量关于他或她如何陷入困境的信息）、遗漏了哪些信息（例如，没有对其他人的评论），治疗师就能够了解到很多关于来访者人际风格的信息。在最初这些面谈中回应来访者时，治疗师会通过引入一段"锚定的历史"（步骤 2）来扩展来访者的故事，在引入这段历史时，治疗师往往会从来访者的现在开始，然后问问题，这些问题的设计是为了帮助来访者和治疗师理解是什

么导致了特定的行为、感受和归因。例如，当约翰逊先生说当他的
女儿不来看他，他就开始喝酒时，我会询问他在其他哪些时候也会
觉得自己被忽视或者被抛弃。

　　治疗师要特别注意来访者叙事中的情绪色彩（步骤 3）。是否有
情绪过度刺激的迹象（例如，忘记自己刚刚说过的话，拼命地抓着椅
子的扶手，无法控制地大笑）？是否有情绪低落的迹象（对"事实"的
枯燥叙述，面无表情，僵硬的身体姿势）？来访者在讲述他或她的故
事时所表现出来的情绪和感受，通常会成为那些特别相关的部分的
标记。

　　随后，治疗师会开始探索与来访者症状或问题相关的情绪—人
际背景（步骤 4）。问题是什么时候开始的？当时来访者的生活中
还发生了什么事情，尤其是那些具有人际关系性质的事情？治疗师
在探索关系动力的同时，也开始了对个人内部动力的探索。这个人
的痛点在哪里？来访者为了让自己被他人接受，不得不否认、降低
或歪曲了自我中的哪些部分？

　　治疗师常常会使用 CMP 范畴来指出那些需要额外信息的领域
（步骤 5）。例如，治疗师是否知道大量关于他人如何对待来访者
（他人对自我的行动）的信息，却对来访者如何对待他或她自己（自
我对自我的行动）的信息几乎一无所知？我发现，事实上，把通过
CMP 范畴组织的信息写下来，可能有助于追踪随时间推移而产生
的变化，并发展来访者的人际故事。图 4.1 为此提供了一个示意图。

确定信息：	
自我的行动	
对他人行为的预期	
他人对自我的行动	
自我对自我的行动	
反移情反应	
目标：	
新体验 个人内部的： 人际的：	
新理解 个人内部的： 人际的：	

图 4.1　循环性适应不良模式（CMP）的形式

改编自 *Time−Limited Dynamic Psychotherapy: A Guide to Clinical Practice*（p.50），by H. Levenson, 1995, New York, NY: Basic Books. 经许可改编。

概念化

在步骤 6 中，治疗师倾听新出现的材料中的主题，这些新材料将 CMP 的 4 个范畴联系到了一起。通过对来访者与不同的人，在不同的时间、地点的互动模式和情绪模式的共同之处及多余信息保持敏感，治疗师开始辨别出来访者的一种模式。

在所有面谈的过程中，治疗师应该要一直意识到他或她在面谈过程中的感受，尤其是当被推拉着（即，交互反移情）以某种特定的方式做出反应，以符合来访者对他人以及／或者他人行为的预期时，更应如此（步骤 7）。这些推拉通常表现为内脏的变化（例如，当来访者怒火燃烧时,治疗师的心率会加快)、注意力的改变(例如,治疗师开始想本次面谈还剩多少时间)、情感的变化(例如,治疗师感觉他或她就像是在如履薄冰),以及鲜明生动的意象(例如,一只小狗在摇着尾巴)。

在 TLDP 中,治疗师的这种自我意识非常重要,而且,获得这种自我意识没有便捷之路。治疗师的个人治疗、自我反省和良好的督导/咨询,这些在心理治疗文献中全部都曾推荐过(参见,Boswell & Castonguay, 2007)。此外,很多人认为,正念练习是一种可以帮助治疗师认识到并重视其自身经验的重要性的方式。正如沙夫兰和穆兰(Safran & Muran, 2000)所观察到的, "慢慢地,随着时间的推移,这种类型的正念练习可以帮助受训者在治疗其患者的时候,越来越能够觉察到意识边缘所出现的微妙的感受、想法和幻想,而这随后会成为关于治疗关系中所发生之事的重要信息来源"(第 210 页)。

了解其他人如何对待来访者可以让治疗师 "提起警觉", 知道自己有可能在他或她功能失调的关系动力中(步骤 8)被征募为一个毫无戒心的 "同谋"(Kiesler, 1982)。在 TLDP 中,这通常并不被认为是一个 "错误", 而是在此时此地的面谈中的一种重演,最终可能有助于提供进行体验式学习与认知理解的机会。

通过使用 CMP 的 4 个范畴、治疗师对自己与来访者正在形成的关系的反应,以及面谈中出现的所有的再次扮演,治疗师可以辨别出一个叙事故事,这个故事描述了来访者因依恋需要与追求而产生的功能失调的主导情绪—互动模式（步骤9）。这种叙事符合下述框架：来访者在与他人的互动中以特定的方式行事、感受和思考，并预期他人会以特定的方式做出反应。这些预期主要通过非言语的情绪信号传达给他人，这些信号会引发他人以来访者无意识预期的方式来做出反应。接着，来访者也从情绪的视角来解读这些互补性行为，这些统觉会影响来访者的自我评价，以及对待他或她自己的态度，而这又会进一步鼓励来访者以特定的方式行事、感受和思考，从而完成一个循环。

治疗计划

根据 CMP 阐释，治疗师可以确定两大治疗目标。第一个目标是确定这个特定来访者的新体验的性质（步骤10）。治疗师要辨别出他或她可以说什么或做什么来帮助这个人拥有：(1) 一套新的、相关的个人内心情感体验，(2) 一套新的、相关的人际关系体验（与治疗师以及 / 或者其他人的关系体验），这些体验很可能会颠覆或中止来访者适应不良的恶性循环。在确定了这些新体验的性质之后，治疗师可以使用 CMP 阐释来确定治疗的第二大目标——新理解（步骤11）。治疗师要弄清楚他或她能够如何帮助那个人理解：(1) 自己情绪的恰当性与意义，(2) 他或她在与重要他人共同创造出功能失调的模式的过程中所扮演的角色。

阐释过程中的步骤12涉及 CMP 在整个治疗过程中的不断完善。在短程治疗中，治疗师不能等到拥有了所有的"事实"才开始对案例做出阐释并进行干预。随着治疗的进行，治疗师会获得新的内容与互动的资料，他或她可以用这些新内容与资料来加强或改变治疗阐释。因此，从 CMP 中收集到的信息的价值是不可估量的：它可以指导治疗师如何去处理治疗情境，以达到临床结果与过程的最优化——在时间受到限制的情况下，这是必备条件。

关于对约翰逊先生这个案例的阐释，在第一次面谈结束的时候，我就可以看出，约翰逊先生是一个非常被动的人，这是他在小时候为了应对父亲对他的身体虐待与情绪虐待而做出的一种适应性行为。成年后，他怕如果他表现出任何的愤怒，其他人就会拒绝他或伤害他，这一点是可以理解的。由于对约翰逊先生来说，被人拒绝是一件很可怕的事情，因此他学会了平息怒火——他咽下了他的愤怒，而不是将其表达出来。不幸的是，其他人利用了约翰逊先生的恭敬态度，认为他懒散、被动的风格让人讨厌，从而导致他们回避，甚至是拒绝他。这让约翰逊先生感觉自己毫无价值且无助，而这又导致他更加绝望、被动，从而使这个循环永久存在。对于约翰逊先生，我的体验目标是帮助他认识到自己更有力量的情绪（例如，愤怒），并帮助他在某种程度上积极主动地控制自己的生活。我的目标还包括帮助他理解他自己在促成那种他想要回避的反应的过程中所扮演的角色，以及可以如何利用他自己的核心感受来引导他朝着更具奖赏性的方向前进。

最后一步（步骤 13）说的是要将文化因素纳入 TLDP 的阐释过程中。这种文化视角应该渗透进其他所有的步骤。在阐释的每一步，治疗师都需要保持文化敏感性。鉴于这些多元文化因素在 TLDP 的阐释与干预中非常重要，我们下面要用一个部分专门加以阐述。

多元文化因素

由于 TLDP 承认治疗师与来访者双方都会将他们自己的个人特质、经历及价值观带进治疗性互动中，因此，要对构成一个人世界观的所有因素（例如，内化的工作模型）都很敏感。要理解来访者的 CMP，对于其性别、民族、种族、性取向、社会经济地位、年龄、能力丧失状况等的考虑都可能发挥一定的重要作用。TLDP 治疗师需要明确考虑任何治疗都能在其中进行的更广阔背景。例如，"扩展……移情（这个概念），将组织原理以及那些具体体现为价值观、角色、信念以及文化环境（cultural environment）历史的意象也涵盖于这个概念之中，这一点似乎非常重要"（LaRoche, 1999，第 391 页，原文斜体）。因此，对于治疗师来说，意识到并理解这一点至关重要，即文化因素与世界观因素可能在一定程度上导致了来访者的终身模式和人际困境，包括那些可能出现在治疗师与来访者之间的困境。

从关系的视角来看，来访者在治疗室内外的人际风格是他或她在一种社会文化背景下的独特适应的混合物。考虑到文化对一个人所设想的世界的影响，我们可以预期，来自相似背景的个体可能会表现出一些相似的行为、想法、假设和期望，并且还会引起他人基于这些文化的、民族的、个人的及人口统计学的变量来对他们做出反应。[1]例如，在一个种族主义社会中，一个非洲籍美国儿童很可能会受到白人老师的不同对待（例如，得到较少的积极学业关注），而这反过来又会降低该儿童的自尊并影响其以后的学业表现。如果治疗师不考虑这些因素及其在促成某些循环性动力模式方面所起的作用，那么一些重要的维度就会被遗漏或误解，从而危及整个治疗的过程与结果。因此，TLDP治疗师必须采纳这样一种观点，即文化参数与人际工作模型密不可分。

不过，考虑到来访者的文化背景，仅仅是获得了一种具有文化敏感性的TLDP阐释的四大视角之一。第二个视角涉及的是治疗师要考虑到他们自己的工作模型受到了自身文化怎样的影响——他们在这种文化中长大、生活，并且将这种文化当作一个参照群体。治疗师是否理解他或她就是通过这种文化视角来看待世界的？

第三个视角将关注的焦点集中于整个治疗工作是如何拥有其自身文化的（这种文化包含被禁止的角色、预期、信念以及制度）。[2]例如，在我们的社会中，治疗师与来访者之间存在着一种内在的权力差异。最后一个视角涉及的是所有这些因素是如何发生相互作用的。来访者的世界观与治疗师的世界观是如何在治疗的框架中动态地联系在一起的？

---

[1]当然，来访者认同或信奉其特定文化习俗及预期的程度是不同的，而且他们对另一种（通常是占主导地位的）文化的适应程度也有所不同。

[2]要获得关于这一视角的经过深思熟虑的（同时也是令人深思的）观点，读者可以参考杰罗姆·弗兰克（Jerome Frank）1961年出版的经典著作《说服与治愈》（*Persuasion and Healing*），该书目前已出到第三版（Frank & Frank, 1991）。

干预策略

　　TLDP 的实施并非依赖于一套固定技术。相反，TLDP 中的干预常被视作与人际关系密切相关的治疗策略。因此，所有的 TLDP 干预都被看作是关系行为（Norcross, 2002）——甚至那些像布置家庭作业这样看起来相当具体又直接的干预，也是如此。正如勃特勒和施特鲁普（Butler & Strupp, 1986）所总结的，干预"不能简化为一套脱离实体的技术，因为技术会从那些当事个体的特定互动中获得它们的意义，进而实现它们的有效性"（第 33 页）。

　　从理论上讲，任何可以促成新体验与新理解的干预都可以用于TLDP。在对来访者进行的治疗工作中，我可以自由地使用我治疗"武器库"中的任何策略。除了传统的心理动力干预措施（例如，澄清、面质、解释），我还使用了格式塔空椅技术（gestalt empty-chair technique）、身体聚焦（bodily focusing）、正念冥想（mindful meditation）、隐喻（metaphor）/ 讲故事（storytelling）、行为复现（behavioral rehearsal）、心理教育（psychoeducation）、重构（reframing）、暗示及家庭作业等多种方法。鉴于治疗的短程性，来访者会逐渐适应治疗师采用各种实用策略的做法。而且，由于所有干预措施的设计都是为了促成相同的主要目标，因此它们有一个共同的、一致的主题。从现象学的角度看，它们是有道理的。[1] 此外，正如导言

---

　[1] 不过，治疗师必须意识到，当将一种干预从其原初的"大本营"理论中提取出来，然后与另一模型结合到一起时，这种干预的意义与影响将会发生怎样的改变。

部分所说，在短程治疗中，治疗师更具指导作用，更为积极主动，更强调实用性（Levenson, Butler, Powers & Beitman, 2002）。他们更为乐意（也希望更有能力）以切实有效的方式整合各种潜在有用的策略。

在深入探讨 TLDP 干预的一些类别之前，让我先对什么时候进行干预，以及如何进行干预做一个总体的评论。在短程动力治疗中，治疗师在获得充分的信息之前必须对将要实施的干预感到很轻松自在。在通常情况下，治疗师会先说一些试探性的话（"我这么说可能是错误的，不过……"），然后征求来访者的反馈（"我这么说对吗？"），这样就建立了一种协作感，让来访者不会认为治疗师是在读他们的心思，而后真实地表达出来。干预并不一定非要绝对地"正确"。我们可以将其看作是"邀请"，邀请来访者以不同的方式、从不同的视角来看待和感受事物。紧紧地追随那些可以观察的事物，并且询问尽可能多的细节，可以促进来访者的反思，而不是顺从地接受（或直率地反驳）治疗师所说的话。（"当我评论你迟到这件事情时，我注意到你开始盯着地板看，并开始以一种柔弱的语气说你怎么永远都做不好事情。让我们以慢动作重演一下这个过程——从我开始评论，到你开始自我谴责——看看在我们之间刚刚到底发生了什么，好吗？"）

在我尝试将依恋理论与以情绪为中心的体验取向融入人际治疗的过程中，我采用了范德比尔特治疗策略量表（Vanderbilt

Therapeutic Strategies Scale, VTSS; Butler & the Center, 1986）[1] 中
之前确定的 TLDP 策略，并对它们进行了修正，使其更多地以依恋
和情感为基础。[2] 这 25 种策略可以分为 9 个类别，具体分类如下。
（这些策略的清单可参见表 4.2。）

表 4.2　TLDP 治疗策略

维持治疗关系

1. 以尊重、协作、共情、认可、非评判的态度回应来访者。（VTSS 4,
5）*

2. 表现出接纳性倾听的迹象。（VTSS 10）

3. 认可来访者的优势，并将这一点传达给来访者。

4. 强调有可能影响治疗过程的障碍（例如，沉默、迟到、回避有意义的话题）
和机会（例如，好奇心、自信、愿意表现出脆弱）。（VTSS 20）

获取与处理情绪

5. 帮助来访者保持情绪稳定。

6. 鼓励来访者在面谈过程中体验并表达情感。（VTSS 1）

7. 提升来访者的情绪觉察力，并使用各种策略来帮助来访者深化他或她
的情绪体验。

8. 帮助来访者标记各种情绪体验，并认识到其目标导向的重要作用。

9. 帮助来访者获取、体验以及深化与依恋相关的感受，以及 / 或者与
CMP 特别相关的基本情绪。

---

[1] VTSS 是范德比尔特大学心理治疗研究团队中心的成员设计的，是一种坚持 TLDP 干预模式的量表。它由 12 个关于一般心理动力访谈风格的题目和 10 个聚焦于 TLDP 特有策略的题目构成。研究表明，VTSS 能够反映治疗师在接受过 TLDP 培训之后所发生的行为变化（Butler & Strupp, 1988; Henry et al., 1993b）。要想获得一份带有计分说明的 VTSS，可以参阅利文森著作中（Levenson, 1995）的附录 A。

[2] 尽管这些题目所反映的大多数干预措施都得到了经验领域（例如，Elliott, 2001）和人际领域（例如，Kiesler,1996）的强有力的经验支持，但这种将两种取向结合到一起且已经经过修正的 TLDP 观点至今尚未在临床试验中加以探索。让人充满希望的是，这里所提出的临床与理论模型能够为未来的经验研究提供指导。

续表

共情性探究

10. 使用开放式问题。（VTSS 12）

11. 探究来访者话语的个人意义或独特意义。（VTSS 7）

12. 通过询问具体细节来回应来访者的陈述或描述。（VTSS 8）

聚焦式探究

13. 在整个治疗过程中，保持一条聚焦的探究路线。（VTSS 6）

关系聚焦

14. 促进来访者表达和探索与重要他人（包括治疗师或治疗关系）有关的感受、想法及信念。（VTSS 2，3，14）

15. 鼓励来访者讨论治疗师对他可能有什么样的感受与看法。（VTSS 15）

16. 自我暴露自己对来访者的一些行为，尤其是 CMP 模式的主观反应（VTSS 16）

17. 就治疗师与来访者之间不断发展的人际过程进行元沟通。（VTSS 11，13，19）

循环模式

18. 询问来访者的内投。（VTSS 18）

19. 帮助来访者将他或她的情绪及个人意义与反复出现的人际行为模式联系到一起。

20. 加深来访者对 CMP 如何影响一个人的内心机能和人际机能的情绪理解与概念理解。

21. 将来访者否认基本情绪的需要和其早期与照看者相处的经验联系到一起。

22. 帮助来访者将他或她更具适应性的（更为健康的）感受、想法和行为整合为一种新的叙事。

促进直接改变

23.给来访者提供机会，让他或她在与治疗师的互动中获得新的自我体验，并在与治疗师的互动中获得与治疗目标相一致的新关系体验。

续表

直接促进改变
24. 在面谈中和面谈之外提供过程性指导（例如，家庭作业），以帮助来访者获得新的情绪和人际关系方面的体验、理解。

治疗的时间限制方面
25. 根据来访者的 CMP 和新的适应性叙事，讨论治疗的时间限制本质。（VTSS 21）

注：圆括号内的数字指的是原版范德比尔特治疗策略量表（VTSS）中的项目编号，重印得到了S.F.勃特勒（S.F.Butler）的许可。在一些情况下，将原来某一个题目的内容与另一个题目（其他多个题目）的内容结合到了一起，以及/或者对其进行了改动，以包括一种更强调情绪或依恋的焦点。

维持治疗关系

与大多数临床方法一样，在 TLDP 中，处理治疗关系是一种非常关键的能力（Binder, 2004）。为了加强治疗联盟，TLDP 治疗师必须以一种尊重人的、非评判的态度来与来访者互动，认可他们的感受与感知，并邀请他们共同参与治疗的过程（策略 1）。

在这种以关系为基础的取向中，治疗师接纳性地去倾听来访者所说的内容非常关键。这种接纳性可以通过身体姿势、面部表情以及点头动作来传达给对方（策略 2）。这当中有很多都是由文化决定的。在一般的短程治疗，尤其是 TLDP 中，评估、利用并评价来访者的优势以促进改变非常重要（策略 3）。在通常情况下，来访者都是最后一个知道自身能力的人。从来没有人曾评论过这些能力、引发出这些能力或者赞美过这些能力；因此，来访者通常并不知道自己的认知能力、情绪能力和关系能力。突出他们的内在能力和外在能力通常能够有助于建立一个强大的积极联盟。

在策略 4 中，治疗师要强调有可能影响治疗过程的"障碍"（例如，迟到）和"机会"（例如，愿意表现出脆弱）。在精神分析取向的治疗中，"对治疗师、咨询过程或治疗师日程安排的隐性或显性的反抗"（Bischoff & Tracey, 1995, 第 488 页）通常被称作阻抗（resistance）。另一方面，从 TLDP 的视角看，阻抗属于人际关系的范畴——视其为治疗师与来访者之间众多的互动之一（Levenson, 1995）。我们的假设是，来访者只不过是在做他认为能够维持他们的个人诚信、根深蒂固的自我认知以及人际联系的必要事情。从这个视角看，鉴于来访者解释这个世界的方式，阻抗反映了他们想要做到最好的尝试。例如，当一位来访者在某次接受治疗时哭了，那么，她就有可能不来接受下一次治疗了，因为她非常担心治疗师会认为她太需要帮助。

因此，当 TLDP 治疗师感觉自己好像撞上了来访者竖起的一面阻抗之墙时，他们会往后站站，正确评价一下这面墙基于依恋的重要性，然后邀请来访者思考拥有这样一面墙的可能"恰当的"理由。这样一种方法通常可以避免对带有敌意的来访者进行高压攻势，同时还有助于促成共情与合作。

获取与处理情绪

无论治疗师在治疗中还能做些什么，他或她都会在治疗关系的此时此地，用一种深切的共情态度来尽力地与来访者建立联系，通过所谓的双向调节（dyadic regulation）（例如，Tronick, 1989）帮助来访者一直处在一种能够接纳各种情绪的"工作空间"里。人们认为，这样的互动本身就是有益的，因为它们允许情绪处理、目标导向行为的调节和适应性策略。不过，正如宾德（2004）及其他人（例如，Anderson, Crowley, Patterson & Heckman, 2012; Henry et al., 1993b）所指出的，当一个人与强有力的人际动力（这些人际动力会导致治疗师自身的情绪状态失调）发生互动时，帮助来访者保持情绪稳定（策略 5）是说起来容易，做起来难。因此，这种策略更像是一种理想的最佳治疗立场，通常可以通过其他几种特定的干预措施体现出来。

就策略 6 而言，治疗师要积极主动地鼓励来访者在面谈过程中体验并表达情感。要改变一个人的 CMP，激活其 CMP 的情绪结构非常关键。正如一名以情绪为中心的治疗师莱斯·格林伯格（Les Greenberg）喜欢说的："你要想能够离开某个地方，必须先到达那个地方。"根据体验理论、研究与实践，我们知道，情绪唤醒与表达是改变的必要前提（例如，Fisher et al., 2016; Greenberg, 2012; Johnson, 2004）。同样，治疗师还要帮助来访者觉察到意识边缘的情绪，并帮助他们深化其情绪体验（策略 7）。不过，仅仅公开讨论情绪是不够的，治疗师还必须帮助来访者标记他们的情绪体验，并认识到其目标导向的重要作用（策略 8）。尤其是，TLDP 治疗师往往会致力于帮助来访者获取、体验以及深化与依恋相关的感受，以及／或者与 CMP 特别相关的基本情绪（策略 9）。

共情性探究

开放式问题（策略 10）、探究来访者话语的个人意义（策略 11）以及询问具体的细节（策略 12），都能够帮助治疗师理解来访者的内心世界和外在世界。当我听到来访者概括地谈论与另一个人之间让人烦恼（或具有奖赏性）的互动时（"她真的让我很生气！"），我经常会要求他们减慢速度，这样我才能理解这个情境的细节——不仅包括外在的互动，还包括内在的内脏反应。当来访者看到那些导致其反应的所有步骤（例如，对于自我及他人的归因）时通常会相当地吃惊——他们的这种反应常常让人感觉那件事情好像是"刚刚发生的"。[1]

聚焦式探究

在整个治疗的过程中，TLDP 治疗师都试图维持一条界限清楚的研究路线，并一直聚焦于此，除非有显著的迹象表明情况恰好相反（策略 13）。不过，这种聚焦不应以一种教条的或控制的方式来完成。宾德（2004）将问题阐释与聚焦界定为实施有效的人际—心理动力治疗所需的 5 种能力之一。正如第 1 章所指出的，维持一个焦点是界定短程动力治疗时最常提到的特征。TLDP 治疗师往往使用从阐释中获得的情绪—人际目标来让治疗一直在轨道之上。这样的聚焦在要求最佳利用时间的短程治疗中非常关键。

---

[1] 令人啼笑皆非的是，我通常给予那些学习短程治疗的学员的反馈是"减慢"这个过程。

关系聚焦

　　TLDP 治疗师会鼓励来访者谈论其与他人（包括与治疗师）的关系。将关注焦点集中于与这些关系有关的感受、想法及信念至关重要（策略 14）。大部分治疗工作都将聚焦于来访者在面谈之外的关系（除非有一个源自治疗面谈期间的负面过程需要直接解决）。同样，治疗师还会帮助来访者探索他们的感知——即治疗师对他们可能会做出怎样的行为、可能有什么样的感受与看法（策略 15）。这样，治疗关系就成了来访者与他人之间可能发生的互动在此时此地的缩影。

　　对于治疗师来说，以一种相互的方式来自我暴露他们对来访者特定行为的反移情，通常很有帮助（策略 16）。当然，治疗师一直都在无意之中通过手势、声音特质、面部表情等进行自我暴露。自我暴露"并不是一种选择；它是一种必然"（Aron, 1991, 第 40页），但我在这里谈论的是治疗师自我卷入式的暴露（self-involving disclosures）——用现在时来描述治疗师对来访者 CMP 的某些方面的反应（Kasper, Hill & Kivlighan, 2008）。这样，治疗师就能够在来访者对他人的看法中揭示出其他的可能性，并帮助来访者正确评价其对于他人的影响。在 TLDP 中，治疗师必须对于了解自己的内在过程感到舒适自在，然后决定在什么时候、什么地点、以什么方式与来访者分享这种理解。TLDP 主张有限的自我暴露，认为特意设计自我暴露是为了给来访者提供更多关于他们在与他人的互动中涉及的动力信息。

特别是，治疗师会聚焦于他或她对来访者的反应，特别是与来访者的 CMP 相关的反应。应该指出的是，治疗师分享这些反应，不仅有助于意识到再次扮演时的消极方面，还有助于认识到互动特质何时发生了积极的变化。例如，在约翰逊先生第六次面谈时对我发了一通火之后，我分享说，与他更习惯顺从他人的时候相比，我感觉与他的关系更为密切了。

与自我暴露策略相关的是元沟通（metacommunication）（策略 17）。根据人际关系主义者的观点（Kiesler, 1996），元沟通指的是对治疗师与来访者此时此地的关系中所发生的事情进行讨论与加工。例如，"约翰逊先生，随着你变得越来越安静，我似乎变得越来越爱指导。我不确定这里发生了什么，不过，我们可不可以看一下这对于我们两个人来说是什么感觉？"穆兰（Muran, 2001）扩展了元沟通的定义，将个人内心方面（即，与自我的沟通）也囊括于其中，这也很有用。从依恋的视角看，元沟通在提供矫正性情绪体验、自我意识的转换，以及来访者与自我及他人之间关联的更为丰富的叙事方面，可能非常关键。

虽然大部分治疗都致力于分析来访者在治疗之外的关系中所存在的问题（尤其是那些具有更灵活的工作模型的来访者），但治疗师在面谈过程中对 CMP 表现形式（未必是完全的模式重演）的观察，提供了一种对来访者的行为与刺激值的生动理解。通过弄清楚这种模式是如何出现在治疗关系之中的，来访者便拥有了（很可能是第一次）在相对安全的环境中对这些行为的本质进行分析的机会。

在这里，我想就移情解释（transference interpretations）的使用做一些评论，因为它们对于短期治疗与长期治疗的心理动力治疗师来说，一直都是一种标准的干预策略（不过，像 TLDP 这样强调主体间性的二人取向通常避免使用这些移情解释）。当治疗师"开始分析移情"，他们就将过去与重要他人（通常是父母）之间充满强烈情感的互动与当前治疗师和来访者之间的互动中发生的事情联系了起来，而不是对正在进行的治疗过程进行观察。例如，如果我向约翰逊先生解释说，"你希望我以你没有从父母那里获得的某种方式来支持你、照顾你"，那么，这就是移情解释的一个例子。

希尔（Hill）及同事（Kasper et al., 2008）以一种相似的方式对即时性（immediacy; 她用来表示元沟通的术语）与移情解释进行了区分：

即时性旨在促进对有问题的人际模式进行*此时此地*的意识（here-and-now awareness），同时通过建立新的人际模式来产生矫正性情绪体验。相反，移情解释旨在通过对行为提供解释或原因，促进来访者对于存在的意识，以及对错位的互动模式的起源的洞察。（原文斜体, Kasper et al., 2008, 第 282 页）

我非常喜欢引用施特鲁普的告诫，即移情解释的供应远远大于需求。——事实上，少量精准的移情解释就能产生深远影响。我之所以将 TLDP 的主要焦点放在体验式学习和移情性协调上，在某种程度上是因为重复的移情解释有可能会对心理治疗过程和结果产生有害的影响。来访者常常将这样的干预体验为责备和 / 或轻视（例如，Henry et al., 1993a ）。

对适应不良循环模式的探索

在策略 18 中，治疗师帮助来访者探究他们的内投（他们感觉自己、对待自己的方式），以及这些内投与来访者的人际模式的关系。询问一个人在某些特定人际行为（尤其是那些与依恋相关的行为）中自我感受的方式，会将他的自我意识和他与他人的互动联系起来。就像我在接下来将要阐述的临床案例中对安（Ann）说的那样："当你偷偷哭泣不让男友发现时，你对自己的感受是什么？"

然后，治疗师帮助来访者将前面提到的所有关于自我和他人的情绪—人际信息整合为一种循环模式（策略 19）。例如：

那么，当你感到非常孤独、抑郁，并且认定没有人支持你时，你会刻意表现出自己是"沉着的""酷酷的"，并不"需要他人陪伴"。是这样吗？问题在于，其他人得到的信息是，你并不需要他们的关注，因此他们就让你一个人待着。是这样吗？你看到大家都不和你在一起，于是你对自己说，谁都不愿意跟一个非常需要他人陪伴的人待在一起，这让你感到更加抑郁，整个循环又重新开始了。我说得对吗？

在这个阶段，治疗师要尽可能具体、细致地考察该模式的每一个组成部分，和来访者一起仔细检查每一个联结，引出他们的详尽阐述及情绪确认（emotional confirmation），这一点非常重要。

一旦识别出了该模式，治疗师在整个治疗过程中就可以参照这个 CMP，并在每一个联结上，帮助来访者获取、体验和深化与依恋相关的感受（策略 20）。治疗师通常将关注的焦点集中于先前回避的、未被承认的、被否认或拒绝承认的与依恋相关的感受，以及／或者尤其是与 CMP 相关的基本情绪。在使用唤醒、增强以及共情性推测（empathic conjecture）等体验式技术进行体验的过程中，治疗师会遭遇一些障碍（Johnson，2004）。这样，来访者就开始理解那些推动适应不良循环的更为深层的、以依恋为基础的需要，并开始意识到这种工作模型是如何影响他或她的世界观的。接着，在适当的时候，治疗师可以将来访者否认这些基本情绪的需要和其早期与照看者相处的经验联系起来（策略 21）。来访者开始逐渐理解他们是如何将这些基本核心情绪理解为是照看者所讨厌的；因此，他们压抑并最终否认了这些情绪，这样，早期的依恋才不会受到威胁。治疗师可以向他们解释他们在儿童期是如何让其情绪保存下来的，但现在这些情绪不再有用，甚至还可能起反作用，从而帮助来访者对当前的行为与症状去病理化（depathologize）。

随着时间的推移，治疗师可以帮助来访者将更多的核心感受（Fosha, 2000）、更具适应性的想法与行为合并成一种新的连贯的叙事，这种新的叙事揭示了一种扩展了的自我意识和更为广泛的行为技能，从而让个人内心以及人际方面更健康（策略 22）。回到约翰逊先生的例子，到治疗结束的时候，他可以谈论自己小的时候是如何为了避免被他那位嗜酒如命的父亲打而不得不压抑自己的愤怒了——与他刚开始接受治疗的时候羞怯地认为自己很软弱相比，这是一种迥然不同的叙事。在最后一次接受治疗的时候，约翰逊先生说他此时觉得自己有权利表达愤怒——"诚实的愤怒"。

促进直接改变

TLDP 最为重要的治疗策略之一是给来访者提供机会，让来访者在面谈过程中拥有新体验（策略 23），这种新体验可以用来削弱来访者的 CMP。治疗师应该抓住机会扩展或深化那些驳斥来访者个人内心及人际图式的体验。治疗师会明确、重复地努力促进这种体验式学习（例如，促进那些被来访者视为"冒险"的新行为）。拥有了足够质量和 / 或数量的此类体验，来访者就能够产生关于关系的更为健康的内化工作模型。这样，通过改变来访者互动世界的根本基础，TLDP 就促成了来访者的改变，而这进而又会反过来影响来访者的自我概念。

回到约翰逊先生的案例，在第六次面谈时，他抱怨说他不能思考，也不能参与到治疗当中，因为他还没有吃早饭。当我问他希望怎么办时，他感到很困惑。当然，他要完成这次面谈！经过进一步的询问之后，我了解到，他认为如果他为了弄点东西吃而过早地结束治疗，那我将会很生气，于是他不惜一切代价地想要避免让我感到生气。当我简单地回答说，看来他选择了继续进行面谈，而且对于他希望不惹我生气的想法感到不自在，他说如果我觉得可以，他就去吃点东西。我感到很好奇，他为什么要我来做这个决定，因此我用困惑的语气问他："如果我认为这就是个好主意呢？"

过了一会儿，约翰逊先生说他感觉好多了，并且愿意完成此次面谈。不过，在接下来的一次面谈中，他又出现了一种类似的动力（只不过内容不同），那一次，约翰逊先生说他想早点结束治疗，因为他要去做一些私事（即，他要去买一瓶大便软化剂，这样晚上孩子们过来看他的时候他就不会便秘了）。我没有解释我所认为的潜意识水平上发生的事情，而只是简单地告诉约翰逊先生，我期待在下周同一时间见到他。约翰逊先生表达了自己的需要，而不是他想象中的我的希望（即他以为我希望不管发生什么，他都应该待在治疗室里接受面谈），这对他来说是一次很大的冒险，因为正如我后来意识到的，他认为如果他不"顺从"的话，我就会让他退出治疗。意识到他正直接说出自己的需要（对他来说，这乃平生第一次），冒着我将会不赞同，甚至有可能会报复的风险，然后发现他的坚持己见并没有危及我们的关系，这对约翰逊先生来说是一种重要的个人内心新体验和人际新体验。

不过，我不想给人这样的印象，即认为在 TLDP 中，治疗师试图创造那样一种新的体验——对来访者的情感世界和认知世界进行了完全重组。相反，贯穿整个治疗的始终都会遇到新的体验——有时候植根于关系背景中，几乎难以觉察。我们对曾接受过 TLDP 的来访者进行了长期追踪研究（Bein et al., 1994），许多来访者描述道，他们从治疗中获得的最大收益之一是，当他们以新的、更为健康的方式与治疗师发生关联时，他们就拥有了更多的机会来了解自己的情绪。

与许多长期心理动力模型不同，在 TLDP 中，治疗师可能会给予来访者指导，以促进来访者在面谈之外的成长（策略 24）。例如，布置家庭作业就非常适合于 TLDP 取向。不过，在布置任何此类作业之前，TLDP 治疗师必须仔细地权衡一下这些指导的涵义，以确保它们不是来访者功能失调模式的微妙的重演。例如，要求约翰逊先生参加自信训练课程，表面上听起来可能像是一个好主意。但如果他做这件事情仅仅是因为他觉得为了讨我欢心，他必须去做我所说的任何事情，那么，布置这项家庭作业就只会助长他的依恋恐惧和顺从的安全操作——可以肯定的是，最终，他会拥有另一种功能失调的人际互动。

时间限制方面

策略 25 涉及的是治疗师对治疗的时间限制或短程性质的介绍与讨论。短程治疗师通常不是只在治疗结束的时候才这样做。在治疗工作刚开始的时候，以及在整个治疗的过程中，TLDP 治疗师都会定期地谈到治疗时间的限制以及 / 或者治疗范围的限制。不过，TLDP 并不是那种为了加速改变而强调时间有限性的模型（如曼的模型，1973，在第 2 章中已有介绍）。相反，它是一种背景，在这一背景的映衬下，功能失调的模式占据了中心舞台。随着治疗终止的趋近，我们预期可以看到来访者对于丧失焦虑的处理，他或她会根据自己的 CMP，用其特有的方式来处理。与先前的丧失相关的痛苦情绪会被唤起。不过，TLDP 治疗师不会偏离治疗的中心目标。

鉴于 TLDP 的体系框架，当一个人（来访者）发生改变，其他人的反应就会受到影响，而这通常又会强化来访者的积极改变。如前面提到的，我认为治疗工作在面谈结束之后仍在继续。例如，在约翰逊先生身上，曾经存在一种功能失调的恶性循环，而今更多的是充满活力与欢乐的良性循环。他感觉自己在这个世界上更有力量了，他也因此开始有了更多的社交。他感觉自己在生活中更有活力、更投入了；他的自怜和抑郁的想法大大减少了。现在他成了一个更有幸福感的人，他那些已经成年的孩子更喜欢围着他转，而这些恰恰帮助消除了他对于被遗弃的恐惧，并强化了他的联系感。

关于来访者什么时候"准备好了"要结束治疗，治疗师该如何对此做出恰当的决定？[1]在短程治疗中，我们显然不是在寻求完美的治疗。所有未解决的问题都没有解决。不过，由于短程治疗经常是在来访者还处在改变的过程中就结束了，因此，我确定了 6 组

---

[1] 我发现，有一个明确的结束日期（而不是固定的面谈次数或由有限的焦点所限定的短程治疗）对于培训来说效果最好。一旦有一个固定的结束日期，接受培训的治疗师就被迫去面对他们对于短程治疗的"阻抗"（Hoyt, 1985）——例如，害怕被视为有所保留，有一种被他人需要的需要，以及对于"成功"终止的过多关注。同样，在我做有明确终止日期的团体督导时，所有的受训者都大致在同一水平线上——起开始，一起结束。如果没有这样一种结构，我发现，短程治疗新手通常会寻找"好的理由"来延长治疗的时间。

问题以帮助短程治疗新手在治疗的合适时刻做出终止的决定。[1]

● 来访者与他或她生活中重要他人之间的互动是否发生了变化？这些互动是否更具奖赏性？

● 来访者的内心是否出现了更多的情绪流动？来访者是否报告有更为充分的自我体验？

● 来访者是否拥有了关于他或她自己，以及在治疗中对治疗师的新体验（或一系列新体验）？

● 治疗师与来访者的关系水平是否发生了改变（通常是由从父母—儿童转变为成人—成人）？

● 治疗师对于来访者的反移情反应是否发生了改变（通常是由消极反应转变为积极反应）？

● 来访者对于他或她自己的动力，以及他或她为了维持这些动力而需要扮演的角色，是否有了一些理解？

如果这些问题中大多数的答案都是否定的，那么，我就会认为该来访者没有接受恰当的 TLDP 治疗。治疗师应该考虑一下为什么会出现这种情况，并权衡一下使用另一种治疗模型、另一种 TLDP 治疗方法、换一个不同的治疗师、采取非心理干预等其他疗法可能带来的益处。

---

[1]不幸的是，在当今的管理式医疗环境中，何时结束治疗的决定通常不是由治疗师与来访者共同做出的。相反，这可能是由一位行政管理人员做出的决定，也可能会受到一个人所交保险对于特定疾病的具体面谈次数的限制。参见利文森和伯格（Levenson & Burg, 2000）就这些经济因素对专业训练和患者护理所产生的影响的讨论。

案例

我想讨论一下安的案例，安是一位年轻的女性，非常友善，允许我对她的 6 次面谈进行录像，这 6 次面谈的录像收录在了美国心理学会的"6 次面谈心理治疗系列"中。[1]安是一位 25 岁的单身白人女性，身材苗条，一头短卷发，很有魅力。她兴高采烈地来接受第一次面谈，一直微笑着。

第一次面谈

短程动力治疗的第一次面谈需要完成的事情有很多。治疗师通常要设定时间框架（每一次单独面谈的时间长度，以及整个治疗的时间长度）；评价来访者对于短程动力取向的适宜性；尝试与来访者建立安全、合作的关系，促成一种治疗联盟；用心倾听来访者所呈现内容和呈现过程中的关系主题，这样就可以辨别出一个基本的初始焦点；意识到他或她自己对来访者的感受，以及与来访者的互动方式；并开始描绘治疗工作的目标。此外，来访者对于第一次面谈中初始干预的反应就表明了之后治疗的速度。因此，第一次面谈非常关键——短程治疗师必须在知道时间有限的前提下做出系统阐述和干预；他们要让每一次面谈都有意义。第一次面谈要抓住短程治疗的本质；治疗师必须在信息相对较少的情况下进行治疗，并且

---

［1］我与该来访者的这 6 次面谈的 DVD 可以通过美国心理学会（APA）出版部门获取。这 6 次面谈并不是一次完整的短程动力治疗，这种 6 次面谈的形式被 APA 指定为其临床演示系列的一部分。不过，我认为，这项工作有效地例证了现代短程动力治疗的许多概念和干预措施。本书对该案例的一些辨识性方面作了修改。

要愿意"跟在来访者身后引导着来访者"。[1]

　　在向安作了自我介绍之后，我告诉她，我们将会"在今天面谈45分钟，如果我对你有所帮助的话，我们还会在接下来的3个月中再见5次面"，她很热情地回答说："噢，太好了！"我注意到，她看起来很愉快，很适应在陌生的情境中进行这样亲密的讨论——要知道我们是在一个明亮的摄影棚里接受录像，而且有3台摄像机对着我们。她告诉我，她在这个时候来接受治疗的原因是，她已经考虑接受治疗"好多年了"，而且"非常兴奋地想要看到治疗是如何产生作用的"。在她简短地谈及自己"很有压力"（即，全职工作、上学习班、异地恋）时，我在想她的痛处在哪里——是什么促使她在这个时候接受一次深入细致的治疗。我感觉到她的"兴奋"中有一种焦虑的意味。当然，在当前这种金鱼缸式的环境中有很多东西会让我们俩感到焦虑。不过，在她想要讨人喜欢的热切渴望中，有某种东西让人感觉更像是她的特有风格。考虑到才过去2分钟，这看起来更像是一位治疗师所做的推测；不过，这正是一位治疗师在实施短程动力模型时开始概念化的一部分。

　　因为我不确定安希望从我们可能一起进行的治疗中得到什么，所以我只能简单地问她："有没有什么特别的事情……让你很忧虑？"这个直截了当的句子再一次体现了作为短程治疗一部分的透明度和直接性。当她回答说"只是有些压力"，而且还有些"焦虑"

---

[1] 我特别喜欢米尔顿·埃里克森（Milton Erickson）的这句话，因为它非常完美地表达了一种短程治疗的悖论：治疗师必须愿意为来访者提供指导，同时又必须跟随来访者的引导。

时，我要求她详细地说一下细节。例如，她是如何体验到身体内的焦虑的？通过让来访者专注于自己的躯体感觉，治疗师便可以评估来访者的情绪意识水平。此外，它还为促进来访者理解情绪对于改变的重要性奠定了基础。

安告诉我，在她感到焦虑的时候，她感觉自己的心脏和思维像是在"狂奔"。这是一个很好的预兆，表明她对自己身体上和心理上所体验到的东西有一定程度的觉察。[1]安还说她晚上都睡不好觉，而且她男朋友的闹钟"不可靠"。这是一种奇怪的表述。她为什么说闹钟不可靠，而且如果它真的不可靠的话，为什么不另买一个可靠的呢？一种想法从我的心头一掠而过，即很可能不可靠的是她的男朋友。虽然我没有继续执着于这种想法，但是对于来访者或者我自己可能拥有的联想、隐喻及意象——所有不依赖于外显的、需用语言来传达的观点——非常感兴趣。

在与安互动的过程中，我敏锐地察觉到了自己的想法与感受。随着我步入与这位来访者的关系之中，我的交互反移情告诉我，其他人在与她建立关系时可能会有怎样的体验，同时这为我打开了一扇窗子，让我可以看到她自己有可能会有怎样的体验。起初，我感到很宽慰，因为她看起来很"友善"，还很"配合"，不过我也怀疑这里所包含的东西应该比眼睛看到的要多。[2]

---

[1]对于那些意识不到自己身体内所发生之事的来访者，治疗师需要从那里开始。在这个方面，简德林（Gendlin）的聚焦治疗或者格林伯格（Greenberg）的经验加工取向都很有帮助。读者也可以参阅利文森（1995）关于述情障碍和短程治疗的讨论。

[2]布克（Book, 1998）对于一种独特形式的反移情的概念化适用于此处。他谈道，"出版式反移情"（in press countertransference）指的是一位治疗师希望某一案例能够成为一种特定心理治疗方法的成功示范，这样它就可以作为一个例证而用于某一本书中。

    我还注意到，安所说的内容与她讲述的风格并不匹配。她一直笑呵呵的，热情地点着头。如果我们观看这段咨询录像的静音画面，将几乎找不到任何迹象表明她正在讲述消极的事情。她谈话的方式（兴高采烈地）与她谈论的内容（疲惫、压力、被压垮）之间的不一致，是另一个线索——提醒我们哪些方面可能需要进行治疗。我自思自忖，她是在何时何地学会隐藏自己内心的痛苦的？依恋理论告知了我她需要将自己的痛苦（可能来自他人，也可能来自她自己）隐藏起来的可能原因——很可能是因为她的痛苦不被她的照看者或者生活中的重要他人所接受，因此，必须将其压抑下去并且／或者加以否认。

    我意识到自己的兴趣已被激起，同时我也感觉到了某种希望，即安和我可以做一项有意义的治疗工作——即使只有6次面谈。具体来说，我受到了鼓励，因为她会回答我的问题，表现出对我和治疗过程的信任，并发自肺腑地向我透露她内心深处的想法。我感觉自己卷入了其中，在情绪方面受到了她的风格的吸引，而且，从她谈论的内容和谈论的过程中，我开始辨别出了一种模式。

    我进一步了解她所体验到的"压力"是急性的还是慢性的。她的回答（"从我记事起就一直都这样"）与我的感觉产生了共鸣。接着，我转而对她的应变能力进行了检验，并询问她过去是如何试图应对焦虑的。这不仅可以让我了解她的优势，还可以表明哪些方法可能没有帮助。安跟我说了一个让她引以为傲的地方——她已经改变了她的饮食模式，变得更健康了（"现在我想吃更好的食物了"）。

听到这个，我非常高兴，这不仅是因为这意味着她有明确的动机想照顾好自己并改变长期存在的行为，还因为这给我们提供了一个隐喻，表明她可能想要"滋养"自我的其他部分。我把她的话重新组织了一下又反馈给了她，"现在，听起来对你而言好像感觉内心坚强非常重要"，这样就在生理领域与心理领域之间架起了一座桥梁。过了一会儿，安进一步肯定地说："对我来说，成为一个全面坚强的人和在所有方面都独立的人，是一件非常重要的事情。"我意识到，我并不认为她是一个独立的人——相反，基于她迄今为止的表现，我有这样一种感觉，即她愿意为了取悦我（以及其他人）而去做大量的事情。我有一种感觉，即她正在传达一种愿望——她想成为她自己。我只详细地描述了第一次面谈中的几分钟，就已经证明，从 TLDP 治疗师的观点看，阐释已经在进行。

　　我开始锚定历史，跟随安所说的内容，询问更多的细节，并在时间上对其作往前和往后的扩展。通过这样做，我了解到了她的生活轨迹、背景及更多的相关信息。例如，当她谈到她的家人时，我就问她，对于儿童期的经历，有没有什么是她希望改变的，她说她希望当时可以有一些朋友。随着我对她青少年时期的这种缺失进行了探索，我发现，她曾被一位儿童期密友（一位过去的重要他人）深深地伤害过——她把她抛弃了。在面谈中，我尝试用情绪强化的方式推测："也许你当时暗自发誓，绝对不会让自己再遭受那样的伤害？"[1] 安证实了这一点（"因为我的需要没有得到满足；她

---

[1] 我的措辞即，"我发誓，绝对，绝对不会让自己再次陷入这样的境地"受到了约翰逊（2004）所使用的干预技术的影响。

没有回应我。那段时间我过得很艰难"），并详尽地阐述道："我感觉自己一直都是那个付出的人……有时候我觉得自己没有得到任何的回报。"

然后，我将这些看起来好像可以联系到一起的内容结合成了一个可以辨认的关系主题，并问她这有没有表现在她与男朋友（一个当前的重要他人）的关系之中，对此，她充满感情地回答道："绝对有！"在说这句话的时候，她的声音颤抖着，我只是用手指着自己的胸口，用一种轻柔、缓慢的语气问她："现在，你的内心感觉如何？"她此时不再是那个滔滔不绝、兴高采烈的天真姑娘了。她说她感觉很受挫，并向我道歉——这种感觉和行为都值得注意。在我们的社会中，女性在愤怒的时候常常会感觉很受挫，这是因为全社会都不赞同女性表现出攻击性；因此，我在想她的受挫感是不是源于那些受到压抑、压制或否认的愤怒情感。此外，她向我道歉，就好像是她表达出自己的受挫感是不可接受的一样。

紧接着，我用第一人称将她的行为（自我的行动）与她对于男朋友的体验（他人的行动）联系了起来。"为什么他不在意我？我是那么在意他！为什么在事情不合需要的时候他不付出？"我这么说的时候，安哭了。她哭着大喊道："我一直不断地付出、付出，我也想有所回报啊！"透过安的眼泪，我感觉到了她与我分享的内容的力量、真实性以及完整性（她的言语表达与情感状态完全吻合）。我感觉到，这样大声地说出自己想要的东西，对她来说是学习某种新经验的开始。

过了一会儿，我引导着安对她与男朋友之间的行为方式进行了探索，我了解到（并不感到很奇怪），她一直都没有让她的男朋友知道他的自我中心行为对她的伤害有多大。她主动表示，她"害怕"让他知道——"害怕他会离开。我怕我说出了自己的需要，他就会离开"（对他人行为的预期）。在这里，我们看到了她的依恋恐惧的一个可能的根源——即如果她完全表达出自己的想法的话，她就会遭到拒绝。于是，我问起了 CMP 的第四个组成部分（自我对自我的行动）——"这听起来好像你不知何故，总认为自己做得还不够；而且他实际上只爱那个一直付出的你。"她进一步证实说："是的，我必须让自己不停地付出，才能确保对他而言'足够好'。我完全就是这么想的。"

面谈还不到 30 分钟，我就帮助她将她功能失调的行为、自我挫败的预期、他人回应她的方式以及消极自我评价（即，CMP 的 4 个组成部分）之间的联系合并到了一起。人际理论帮助我找出了她的互动模式；依恋理论让我理解了她对安全、可靠的关系的渴望；而以情绪为中心的体验理论则使我能够理解她基本情绪的表达以及对这些基本情绪的理解，这将是她做出重大、持续的改变的一个支点。

虽然我的观察和识别技能已经经过了 40 多年临床工作的磨炼，但短程治疗初学者同样也可以使用 CMP 的这 5 个范畴，以及我所使用的这 3 个理论焦点。这些为我们的治疗提供了一个结构，凭借这个结构，我们可以理解大量的信息，而且它可以引导治疗师的注意力。

安对不同的人，在不同的地点、时间所做出的人际行为的多余信息，构成了初步的 CMP，在第一次面谈快要结束的时候，我把这一点传达给了安。"你所面临的是你在生活中建立起来的、在当时很合适的一种模式。但是，现在这种模式已经不合适了——在这个世界上，这种运行方式——即不断地付出，现在已经不合适了。你想要更多的东西。嗯，如果我胆敢要求更多的东西，将会发生什么情况呢？因此，对你来说，这是一个重要的时刻。"

在做这个总结的时候，我做了一些与 TLDP 模型相一致的重要事情。我指出，这是一种模式——帮助她以一种不同的叙事看待事情——一种具有形式、内在逻辑以及希望的叙事。此外，通过将关注焦点集中于一个具有模式的循环，我把问题外化了——问题在于这种模式，而不是安本身。而且，为了与 TLDP 的非病理化立场保持一致，我证实，安有很充分的理由在其生活中与其他人共同创造出这种模式，因为它有助于她感觉"很好"。同时，我也支持这样一种观点，即这种一直付出的模式现在对她来说已经不起作用了，她想要更多的东西。这句话让我们的关注焦点从理解是什么东西困住了她（导致她痛苦的模式）转变为她想要改变一些事情的想法。最后，尽管承认这种改变非常重要，但我还是要强调，这种改变会让人感到害怕，不能掉以轻心。

在结束对第一次面谈的讨论之前，我还想最后谈两点。第一，尽管我相当自信能够辨别出一种正在显现的模式，但对这一切还是要持谨慎态度，随时准备根据接下来所听到、看到或者感觉到的内容改变初步阐释的任何部分。第二，这种治疗的目标是以过程（而不是内容）为基础。安没有必要为了治疗成功而与男朋友断绝关系。相反，重要的是要鼓励她去拥有新体验和新理解，以帮助她摆脱僵化的功能失调的情绪与行为模式。

具体来说，鉴于她不惜以压抑自己的真实情绪为代价来取悦他人的模式，我的初步计划是，将干预的焦点集中于帮助安体验到自己更有价值（内投），更有权利自信地说出她自己大脑里、心里、内脏里的感受（自我的行动）。此外，我希望她能感受到，我之所以对她感兴趣，是因为她值得，而不是因为我需要她来照顾我（他人的行动）。根据 TLDP 模型，这些体验目标涉及的是她的内心生活和人际生活。到治疗结束的时候，我还想让她理解，压抑自己的感受会削弱她的自我意识（内投），而且，以一种不真实的方式行事（自我的行动）只会引发她非常害怕的那种反应（他人的行动），同时还会剥夺她自己的情绪感受。

一位短程治疗师总能意识到治疗的时间限制，并在各种时机将这一点传达给来访者。在第一次面谈结束的时候，我告诉安，如果她愿意继续接受我的治疗的话，我们还有 5 次面谈。安充满热情而坚定地说："我非常愿意！"在此处以及在整个面谈的过程中，我都非常清醒地意识到，这恰与安试图取悦我的风格相一致。我提醒自己，随着治疗的进行，我必须保持警惕——以防自己被吸引着与她再次扮演一种功能失调的动力模式，即，被她那种令人愉快的、合人心意的态度推着以特定的方式行事。

我在第一次面谈结束时这样告诉安："我觉得，你非常乐于提供信息，并且你也真的在某种程度上说出了你的故事，已经让我感受到了你正在与什么作斗争。你走进这个治疗室，就是一种勇敢的举动。"通过这种方式，我对安在对抗折磨了她很久的情绪恶魔时表现出的力量表示了支持。在做 TLDP 时，向来访者传达这一点并为他们制定框架非常重要，即进行一项聚焦的、深入的治疗工作需要情绪能量和毅力，治疗师需要意识到并尊重这一点。

我认为，第一次面谈完成的事情已经相当多了。安看起来是一个非常适合 TLDP 的来访者，满足所有的 5 个患者筛选标准（参见第 2 章）。我们似乎拥有了一个良好联盟的开端。我对安人际功能失调的模式已经有所了解，并且对于治疗目标也有了一些想法。关于她那功能失调的模式可能会怎样表现在面谈之中——她试图成为一个"好患者"（移情—反移情再次扮演），我也有了一个假设。

第二次面谈

在第二次面谈时，我让安制订了一个日程表，不过我一直都没有忘记我自己的治疗阐释，并已经通过这个过滤器倾听了她的想法。话题从她在学校的压力展开，一直到她将自己描述为"黏人的女朋友"。在这一点上，我跟她分享了一种文化的视角——我们社会中的女孩是如何被灌输这样一种观点的，即她们的需要并不那么重要。当她谈到试图通过"以身作则"让男友明白付出的意义时，我温和地面质道："示范确实是一种方式，但似乎有什么在阻止你直接表达真实感受？"

随后，我揭开了依恋恐惧这个领域，我说："你在某个地方已经习得这种模式很多年，而且我知道，社会经历也起了一定的作用，但你曾在某个地方学到，你必须不断地付出、付出，并暗自期待对方回应。"通过这种共情性推测，安开始说起了在她成长的过程中母亲如何酗酒的经历[1]。

安的脸扭曲了，她呜咽着告诉我：

> 很多年来，我一直想让她戒酒。因为有时候她回到家就昏倒在地，我只能坐在她旁边的地板上守着——为了确认她还有呼吸。我很害怕她会呕吐窒息而死。

在她描述这些的时候，我很受触动，脑子里出现了这样一个画面——一个小孩蜷缩在地板上，非常害怕，一个人背负着全部的责任，要让她母亲活着。我温和地回应她："对于一个孩子来说，没有什么比这件事更大的了——不知道自己的父母是否会在自己的面前死去。"

由于她不愿意把她的痛苦告诉男朋友，所以我问她小时候是否曾告诉过母亲她在情绪上所经历的事情。毫不奇怪，安回答说："没有。"在面谈快要结束的时候，我为她讲述了一个不同的故事——与她这么多年来一直告诉自己的不同。我让她知道，她是在：

> 努力地想以不同的方式做到这一点——尊重自己和自己的感受。

---

[1] 这是体验—过程治疗中使用的另一种技术。

但这很难做到。那些害怕，我现在能够更好地理解那些害怕了——在你还是一个小女孩的时候，这些害怕就产生了——小的时候，你害怕不知道有没有人可以照顾你……我可以看出你是从什么地方开始压抑自己的需要的，因为这些需要非常危险。谁想看到母亲在自己的面前死去呢？……我能看出你在非常小的时候就已经习得了那些模式。

到这次面谈结束的时候，安已经知道，她正对付的是一种"很老、很老的模式"，而且这种模式已经卷入了她当前的生活中。现在，敌人不是她自己，也不是她的各种不适当表现，而是她所习得的一种在当时有意义但现在已经不再适用的存在方式。当然，在这整个探索的过程中，我一直谨记要对她表现出极大的在场，并对她的痛苦表现出共情，这为一种矫正性情绪体验提供了开端。

第三次面谈

在第三次面谈时，安进来的时候拄着一根拐杖；她在两天前进行了一次膝关节置换手术。当我表示这样一种手术可能非常疼时（巧的是，我自己一年前在同一侧膝盖上做过相同的手术），她说："就现在疼一下，然后就能把它治好，这算是比较好的，要不然的话，它就会一直疼。"我心想，这句话是否也适用于她的治疗目标，所以，我说，"有时候，即使心里明白它很快就会好，但经受这样剧烈的疼痛也是一件很难的事情"，我又一次在两个层面上跟她这么说——生理的层面（她的手术）以及心理的层面（她的治疗）。

我问她是否有什么事情希望在这次面谈中解决。一方面，这是一种聚焦的干预，另一方面，我试图给她另一种新的体验（即，这是属于她的时间，会按照她认为合适的方式来度过）。她开始谈到她现在是多么害怕不能锻炼（由于她还处在恢复期），她好不容易才减下来的体重有可能会反弹。

后来在观看这次面谈的录像时，我可以看到，如果她能够更加自信的话，她就可以在那个时刻勇敢地和我对质，让我知道我并没有解决她对于体重增加的恐惧。安是为了满足我的需要而压抑了她自己的需要吗？如果我注意到了面谈中这种可能出现的再次扮演，我就会与她一起实时地加以处理（与她就这个问题进行元沟通），我可以说一些这样的话，"我发现我让我们的讨论偏离了你刚才所表达的担忧；我想知道那是怎么发生的"（人际焦点）。或者是"我发现我让我们的讨论偏离了你刚才所表达的担忧；我想知道你对此有什么感受"（个人内心焦点）。或者是"我意识到我有点担心你的健康状况"（自我暴露）。

第三次面谈进行到一半的时候，我就好几次听到了安的模式的一些片段，这促使我将这些情绪与个人意义联系到一起，整合成一种CMP，并向她阐释这一模式如何影响着她当前最重要的亲密关系。

你所有的行动都是为了避免受到伤害。成为他希望你成为的样子，那么他就会与你在一起。他就不会离开你。因为如果你成为你自己，你就害怕他会离开。你真的是这么认为的，对吗？

在这里，我简单又大胆地说出了她对于被遗弃的恐惧，从她的情绪反应——眼里流出了泪水，并开始呜咽——我可以看出，她已经理解了我所说的这些话的本质。她流着眼泪，描述了一幅生动而凄美的画面——"就像是你伸出手去，却一个人都没有。"

在我们的整个治疗将近完成一半的时候（第三次面谈结束），我建议她"试着"把她的情况告诉生活中某个"足够安全的"人。我们共同完成了一项家庭作业，即让她告诉一位新结交的女性朋友更多关于她的事情——让她真正地参与其中，而不仅仅做一个随和的倾听者。当一位治疗师从事的是短程治疗，需要让每一次面谈都有意义时，让来访者在面谈之外冒一些人际风险，是一种以真实、相关的方式加速治疗进程的极佳方法。

在接下来的三次面谈中，我们继续针对同一个 CMP 展开治疗，这个 CMP 现在得到了更进一步的阐述与完善。我的治疗目标始终明确，而她的叙述内容也持续验证着这些目标的适用性。

第四次和第五次面谈

在第四次面谈中，安说，她觉得这次家庭作业非常"成功"。她可以告诉她的女性朋友"大部分关于自己的事情"，而且她也"真的非常兴奋"，事情进展得很顺利。我回答说："这样看来，你冒了一次险，而你害怕会发生的事情事实上并没有发生。"

在第五次面谈中，我提醒她说，这是我们的"倒数第二次面谈"。我对那些她觉得有可能出现在我们关系之中的惯常模式进行了一次检查。安谈到，在最初接受面谈的时候，她感觉自己被拉着要去"做好一些事"，"为的是让你的工作更容易一些"。不过，几次面谈之后，我们双方都一致认为，"这种情况肯定改变了"。安大声地说："感觉太棒了，因为我不再过度地分析所有事情，真的！当我回到家，我会对其进行分析，但此刻不会。"在这倒数第二次面谈中，安谈到了她在日记中（独自地）记录了有或没有"那些墙"的"利弊"——成为一个"伪装的人"，还是通过"成为自己，而不需要假装成他人"来获得"亲密关系"。对于短程动力治疗来说，面谈之外的这种自我反省和学习非常重要。

第六次面谈

在我们的最后一次面谈中，安谈到，在上个星期，她迈出了"小小的一步"，向她的男朋友说出了自己的需要。"我想让他知道那（他的行为）伤害了我。"她所害怕的被遗弃的结果并没有出现。事实上，"他抱住了我（并且）试图让我感觉好些。这太好了，因为我通常什么都不说……他并没有逃开。我注意到了。"尽管这样一种特定的行为绝不是 TLDP 的具体目标，但它却显著地表明了她在努力获得更多积极人际结果方面取得了多大的进步。"我一直都想与他人建立联系，但我害怕这么做……而经过 6 次面谈，我就可以（对我的男朋友）做到了，这真的是太让人意外了。我从来都没有这么做过……不过，我现在已经做了一个 180 度的大转弯，我太喜欢它了！"

　　当然，在这最后一次面谈中，我们需要道别。这对我们两个人来说都是一种有意义的互动体验——不仅对来访者和治疗师而言如此，对于两个将彼此放在心里并冒险向对方表现出情绪的个体来说也是如此。离面谈结束就剩几分钟了，安说，我们在一起的时间"过得真快。我想告诉所有人——包括未来的治疗师们——一定要做属于你自己的治疗……我很愿意后续再寻找其他治疗师，继续成长。"

　　尽管这是一次为了在培训中给学员演示而缩短了的短程治疗，但安在许多方面都符合 TLDP 的终止标准（在前面部分已经讨论过）。她已经表现出了与他人更具奖赏性的互动，已经拥有了更为全面的关于自己的情绪体验，也拥有了一种与治疗师的新的人际体验，能够以一种更具弹性的方式来建立联系，并且能够理解她与他人的角色关系呈现出特定形式的原因。此外，我对她的反移情反应也发生了转变——正如最后一次会谈时由衷表达的告别："这对我来说是一次非常丰富的体验，我认为，你是一位非常勇敢的女士。"

5 评价

CHAPTER FIVE

关于短程动力心理治疗的实证研究

首先应该指出，在美国，几乎所有的心理治疗研究都是以不到20次面谈的短程治疗为基础的（Lambert, 2004）。关于动力治疗之疗效的研究，绝大部分涉及各种短期（而不是长期）的方法（Barber, Muran, McCarthy & Keefe, 2013）。因此，我们在谈论关于短程治疗的研究时，很大程度上指的是我们对治疗的一般了解。[1]

短程治疗有效吗？

从20世纪50年代至今，许多研究结果一次又一次地表明，治疗越多，效果越好（Hansen, Lambert & Forman 2002; Knekt et al., 2008; Seligman, 1995）。我们提供一些有益的东西，来访者对这些东西的接受越多，效果就越好，这就构成了所谓的量—效关系（dose-effect relationship）（Howard, Kopta, Krause & Orlinsky, 1986）。不过，当我们观察随着时间的推移而产生的变化的速度时，我们就会非常明显地看到，重要的、有意义的变化可以在相对较短的时间内发生——在前20次左右的面谈中，改善曲线相对而言更陡峭，接着开始变得平缓（不过，并不完全都是这样）。通过各种方式（例如，自我报告量表、失业天数、他人的观察）所测得的改善在前几次面谈中最为迅速。此外，福肯斯特罗姆、约瑟夫森、伯

---

[1] 回顾大量关于短程动力治疗的实证文献当然超出了本章的范围。读者可以参阅冯纳吉、罗特、伊吉特（Fonagy, Rot & Higgitt, 2005），吉本斯、克里蒂斯－克里斯托夫、赫隆（Gibbons, Crits-Christoph & Hearon, 2008）以及兰伯特（Lambert, 2004）的综述。

格伦和霍尔姆奎斯特（Falkenström, Josefsson, Berggren, & Holmqvist, 2016）发现，参加较少次数面谈的患者，改变的速度较快。

兰伯特（2013）在回顾了心理治疗的疗效和有效性后，评论说，"有相当一部分患者在接受 7 次面谈后确实有所改善"（第 188 页），但为了达到最严格的成功标准，一些患者可能需要接受 50 次面谈。他接着说，大约 50% 的患者在接受第八次面谈时有反应，而 75% 的患者至少需要 14 次面谈。一些研究者（例如，Hansen & Lambert, 2003; Howard et al., 1986; Kadera, Lambert & Andrews, 1996）发现，在开放式治疗中，50%~70% 的患者在 20 次面谈内会表现出临床改善（这还在大多数短程治疗的时间框架范围之内）。与这些发现相一致，汉森（Hansen）及同事（2002）发现，大约 60%~70% 的来访者在 13 次面谈以内就会有所改善。[1]

关于在短时间内可以帮助到的来访者类型和问题类型［根据所谓的位相模型（phase model）］，有资料表明，主观幸福感最先发生改变，接着是症状，然后是性格及人际关系方面的变化（Howard, Leuger, Maling & Martinovich,1993）。具体来说，有研究已经发现，那些有急性和慢性症状的来访者在经过 13~18 次面谈后就可以体验

[1]正如前面第 1 章中所指出的，短程动力治疗并不是超短程治疗。对那些通过管理式医疗组织（在这些组织里，面谈的次数只有 5 次或者更少）接受心理治疗的来访者所做的研究表明，不到 25% 的来访者获得了有意义的改善（Hansen, Lambert & Forman, 2002）。"这些值远远低于临床试验中所假定的获得改善所需的面谈次数，更不要说是康复了"（第 338 页）。不过，桑德森（Sanderson, 2002）观察到，在这些非常短程的治疗中，结果不好的原因不在于，这些治疗本身是无效的。谢菲尔德／利兹抑郁症心理治疗研究小组（Sheffield/Leeds psychotherapy of depression research group）的巴克汉姆、夏皮罗、哈迪和里斯（Barkham, Shapiro, Hardy & Reese, 1999）发现，患有轻度抑郁症的来访者中有相当大一部分在接受 3 次面谈之后就获得了帮助。显然，将来对于这些超短程治疗的有效性肯定还有研究，不过当前它们的有效性还有待论证。

到具有临床意义的改变，而那些有更多性格症状的来访者要想获得这样的结果，则可能需要多达 30 次或更多次数的面谈（例如，Hoglend, 2003; Kopta, Howard, Lowery & Beutler, 1994）。同样，患有轻度到中度抑郁症的来访者可能在不超过 16 次的面谈之后就获得了帮助，但那些患有严重抑郁症的来访者通常需要更多的面谈（Shapiro et al., 1995）。

　　一项控制严格的研究发现，在一次短程动力心理治疗进行到第 9 次面谈的时候，来访者的幸福感改善最为显著，其次是痛苦的减轻，而且，这两种情况都早于且分别预示了社会机能与人际机能的改善（Hilsenroth et al., 2001）。阿巴斯、谢尔登、吉拉和卡尔平（Abbass, Sheldon, Gyra & Kalpin, 2008）发现，被诊断患有人格障碍的来访者在接受密集型短期动力心理治疗（intensive short-term dynamic psychotherapy, ISTDP）后发生了显著的变化，但应该指出的是，其平均的治疗次数差不多是 30 次面谈。梅瑟和卡普兰（Messer & Kaplan, 2004）对有关人格障碍患者的相关文献进行了回顾，他们总结说，来访者通过短程动力治疗确实会有所改善，但"对于更为严重的病例，则可能需要中长期治疗"（第 113 页）。令人鼓舞的是，那些专门接受过短程动力方法和技术训练的治疗师，往往对来访者更有帮助（Anderson & Lambert, 1995; Hilsenroth, Defife, Blagys & Ackerman, 2006）。

　　元分析研究（从统计学上将多项研究结果结合到一起）（Barber et al., 2013）表明，动力治疗（其中大多数是短期治疗）的效果优于对照组，而且，在终止针对抑郁症、焦虑症和人格障碍的治疗时以及在随访过程中，动力治疗和其他疗法一样有效，且优于控制组。莱希森林（Leichsenring）及同事（2015）发现，心理动力疗法（主要是短期治疗）可有效地治疗重度抑郁症、社交焦虑症、边缘型障碍、躯体形式疼痛障碍和神经性厌食症。

其他元分析研究发现，短程动力治疗的效果优于未参与治疗的对照组，并且与其他心理治疗方法（例如，认知—行为治疗、聚焦于解决方式的治疗）及药物治疗具有同等的效果，而且，其效果很稳定（Abbass et al., 2008; DeMaat et al., 2008; Leichsenring, Rabung & Leibing, 2004）。此外，短程动力治疗与药物的联合疗法比单独使用药物更有效果（Rosso, Crespi, Martini & Maina, 2009）。使用"基于质量的分析"（quality-based analysis）也不影响这些结果。

在一项关于长期和短期心理动力治疗之有效性的随机试验中，克内克特（Knekt）及同事（2008）发现，短程治疗组在为期3年的随访中能够一直保持积极的收益。与量—效模型相一致，长期治疗更为有效，但这种差异需要3年的时间才会显现出来。不过，值得注意的是，该研究中20%的参与者在得知自己被分到长期组后就退出了。

此外，在另一项研究中，派珀、德布巴内、卞福奴和加兰特（Piper, Debbane, Bienvenu, and Garant, 1984）对改变进行了成本—效益分析，他们总结说，当考虑到经济因素（未提及时间与精力的付出），短程动力治疗优于长期治疗。当然，对于短程动力心理治疗还需要进行随机控制设计、自然研究及过程研究，但考虑到研究发现的一致性，短程动力治疗从业者还是受到了很大鼓舞。

不幸的是，至今还几乎没有什么研究对文化因素、短程治疗的结果和过程进行考察。奥格罗德尼奇扎克（Ogrodniczuk, 2006）发现，女性从支持性的短期动力方法中受益更多，而男性从解释性的方法中获益更多。而且，研究者们一次又一次地发现，大多数人，不管其文化背景如何，都更喜欢较为短程的治疗（Sue, Zane & Young, 1994）。不过，现在有研究数据告知我们，"心理健康专业人士在对不同的群体使用短程模型时应谨慎，并应使其适应于来访者独特的文化情境和社会情境"（Welfel, 2004, 第 347 页）。

当然，短程治疗并不适合所有人。有趣的是，利文森和达维多维茨（Levenson & Davidovitz, 2000）发现，与偏爱采用短期治疗的男性治疗师相比，女性治疗师采用长期心理动力取向的比例要大得多。但是，这种差异可能会对治疗结果产生怎样的影响，尚未可知。海诺宁、林福斯、拉克松和克内克特（Heinonen, Lindfors, Laaksonen, & Knekt, 2012）发现，性格外向的治疗师从事短期治疗的效果更好，而性格内向的治疗师实施长期治疗的效果更好。

关于限时动力心理治疗的研究

过程 / 结果研究

关于治疗的成效，特拉维斯、宾德、布利怀斯和霍恩－莫耶（Travis, Binder, Bliwise & Horne-Moyer, 2001）发现，在接受过

TLDP 之后，来访者显著地改变了他们的依恋风格（从不安全依恋转为安全依恋），而且他们的安全依恋主题也增加了。老兵短期心理治疗项目（the VA Short-Term Psychotherapy Project, VAST 项目）分析了那些经常表现出精神病症状、人格障碍和医学问题的来访者的 TLDP 过程与成效（Levenson & Bein, 1993）。作为该项目的一部分，奥夫斯屈里特（Overstreet, 1993）发现，在接受 TLDP 之后（平均 14 次面谈），大约 60% 的来访者的人际关系或症状有了积极的结果。在终止的时候，超过 70% 的来访者感觉他们的问题症状已经减轻。

VAST 项目对这个群体进行了长期的追踪研究（Bein, Levenson & Overstreet, 1994; Levenson & Bein, 1993）后发现，来访者从治疗中所得到的成效一直保持着，并略有增强。此外，在追踪的时候，80% 的来访者认为他们所接受的治疗有助于他们更有效地处理自己的问题。在一项针对 75 位接受 TLDP 治疗的来访者进行的关于有效性的自然研究中，患有神经症和心身障碍的来访者在终止时，以及 6 个月和 12 个月的追踪研究中，都表现出了显著的改善（Junkert-Tress, Schnierda, Hartkamp, Schmitz & Tress, 2001）。那些被诊断患有人格障碍的来访者也有所改善，不过改善的程度要小一些。波布达、克罗瑟斯、戈德布卢姆、迪利和库普曼（Pobuda, Crothers, Goldblum, Dilley, & Koopman, 2008）发现，在接受 20 周 TLDP 治疗后，男性 HIV 阳性被试的抑郁症状、焦虑症状、人际交往困难和学业表现均显著改善。

关于治疗的过程，亨利、沙赫特和施特鲁普（Henry，Schacht & Strupp, 1990）发现，在疗效不好的案例中，治疗师都是以一种更为敌对的方式来与来访者沟通，而且治疗师使用这种敌对、控制性陈述的程度与来访者做出自责陈述的次数有关。此外，那些自我意象更消极的治疗师，更有可能以一种退缩的（即，脱离的）方式来对待他们的来访者。所有这些都出现在了治疗的第三次面谈中！金塔纳和梅亚拉（Quintana & Meara, 1990）还发现，在短期治疗中，来访者最终会以类似于其治疗师对待他们的方式来对待自己。后来的一项研究（Hilliard, Henry & Strupp, 2000）进一步证明，来访者与治疗师看待他们自己的方式（内投）会对治疗过程产生直接的影响，进而影响治疗的结果。拜迪奇、亨利和阿特金斯（Bedics, Henry & Atkins, 2005）发现，在治疗的早期阶段，当治疗关系处于最佳状态时，治疗师的热情可以预测来访者会如何对待他们的重要他人（更为合群，更少敌意）。显然，这些过程研究强调了人际关系会对个人内部因素产生怎样的影响，反之亦然。

约翰逊、波普、沙赫特、梅隆及施特鲁普（Johnson, Popp, Schacht, Mellon & Strupp, 1989）使用一个修正版本的 CMP，发现可以确定治疗中可靠的关系主题。哈特曼和利文森（Hartmann & Levenson, 1995）的研究证明，在真实的临床情境中，TLDP 案例阐释有很重要的作用。从事治疗的治疗师写下的 CMP 案例阐释（在对其来访者进行一次或两次面谈之后）向其他临床医生传达了可靠、有效的资料。他们的发现中最有意义的一点可能是，治疗师越是聚焦于与其来访者的 CMP 相关的主题，治疗的结果就越好。

弗里德兰德等人（Friedlander et al., 2016）一直对短程动力心理治疗中的矫正性经验进行多方法分析，他们逐句分析了我为 APA 录制的和安一起进行的 6 次面谈演示视频（参见第 4 章）。他们使用叙事—情感过程编码系统（Angus, 2015）发现，随着治疗的进行，安的"老故事"减少了，而且，两个改变的标志（即"意料之外的结果"和"发现故事"）在治疗结束时增加了，这表明安对自我和他人的看法都发生了进一步的积极转变。他们还追踪了安和我在整个治疗过程中是如何保持积极治疗联盟的，并发现在治疗结束时"安全"等级最强。此外，研究人员还研究了即时事件（即，安和我之间的元沟通）的类型和频率，发现随着治疗的进展，关于我们之间关系的此类讨论出现得越来越频繁，而且，这些讨论也越来越深刻。

在我对安进行短程治疗的 7 年后，我通过电话对她进行了非正式的随访。在那次谈话中，安告诉我，她 3 年前嫁给了她的男朋友。据安说，在接受了我的治疗之后，她"找到了自己的声音"，这些年来在很多场合她都可以告诉她的男朋友，当他忽视她或者把她视为理所当然时，她有多受伤。随着时间的推移，他改变了他的行为，让她觉得她对他来说是很特别的，直到他们决定结婚。这正是人们希望短程治疗可以奏效的样子。在治疗过程中，来访者对于自我和他人的关系有了新的体验，因此能够在治疗结束后保持这些新的行为，引起他人不同的（更为健康的）反应。

培训效果

施特鲁普和他的研究小组直接调查了培训对于治疗师的操作表现的效果。他们的研究是这一重要领域为数不多的研究之一。他们发现，在接受手把手的 TLDP 培训之后，治疗师的干预会变得与 TLDP 策略相一致（Henry, Strupp, Butler, Schacht & Binder, 1993b），而且，甚至在治疗更为难治的来访者时，这些变化也会体现出来（Henry, Schacht, Strupp, Butler & Binder, 1993a）。不过，后来的一项分析表明，这些治疗师中有很多都达不到可接受的掌握 TLDP 的程度（Bein et al. 2000），而且，由于一些治疗师试图遵守治疗手册，不良的人际交往过程便在无意之中增加了。宾德和亨利（Binder & Henry, 2010）认为，之所以出现这些负面影响，是因为过度强调了移情解释的使用。

在一项关于 TLDP 督导的研究中，安德森、克劳利、帕特森和赫克曼（Anderson, Crowley, Patterson, & Heckman, 2012）发现，督导能有效提升治疗师在督导后即刻进行的治疗会谈中对 TLDP 干预技术的运用。对于治疗效果不佳的案例，施特鲁普及其同事（1992）的研究结果表明，即便是经验丰富的治疗师，其运用 TLDP 干预技术时也存在操作生硬和时机不当的问题；而对于结果成功的案例，安德森和施特鲁普（2015）发现，治疗师在接受培训后会变得更加谨慎，却也丧失了部分灵活性，这导致他们认为培训手册可能主要在培训开始时对治疗师有用。在经验丰富的治疗师看来，这样的手册可能会产生负面的影响——助长"一刀切"的机械化治疗思维。

其他研究结果表明，TLDP 培训需要包括向学习该模型的专业人士提供密切的、指导性的、具体的反馈，且在培训过程中要聚焦于治疗师自己的思维过程（Henry et al., 1993a）。同样，希尔森罗斯（Hilsenroth, 2007）在教授短期动力心理治疗时，也提倡更为"聚焦、密集及因任务而异的培训方法"（第 41 页）。

我所使用的（Levenson, 1995, 2003）培训方法综合了这些指导方针。在我的团体督导和教学研究班上，学员要接受 TLDP 理论、案例阐释以及干预策略的具体指导，并用录像上的临床小片段来加以例证。他们会被指派去对某一来访者进行为期 20 周的治疗。同时明确要求学员在课堂上陈述以及 / 或者听取案例的时候，要分析他们自己的情感过程、行为过程以及认知过程。他们要写下自己的案例阐释和目标（按照第 4 章描述的 CMP 模板），并在课堂上与大家分享。每个星期，学员们都要呈现一段从他们最近的面谈中截取的录像片段，并被要求就他们所选择的某一特定问题给予反馈（例如，为什么某种干预措施似乎并不起作用，谈论他们在某个特定时刻的反移情感受，或者仅仅是说不出来什么的感受）。全班同学和我一起讨论该学员的具体问题，同时我还鼓励他们要一直对维持联盟、保持焦点，以及使其干预与治疗目标相一致等更大的问题保持觉察。这样，到为期 6 个月的团体督导课程结束之时，每一个学员都不仅知道了短程动力治疗是如何在他或她的来访者身上起作用的，而且，他们还都知道了这种治疗的作用是如何体现在其他同学分享的案例里那些迥然不同的治疗师—来访者二元关系中的。

教授有经验的（主要是长期的）治疗师从事 TLDP 的经历表明，那些先前接受过更长时间督导的治疗师更不可能 "改变他们惯常的干预风格"（Henry et al., 1993a，第 446 页）。至于对那些新手治疗师的培训，基夫利甘（Kivlighan，1989）发现，与控制型咨询师的来访者相比，TLDP 治疗师，甚至是 TLDP 新手治疗师的来访者也报告了更多的治疗工作和更为痛苦的感受，而且与录像督导相比，现场督导更有可能促进 TLDP 技能的精进（1991）。马尔顿、基夫利甘和戈尔德（Multon, Kivlighan & Gold, 1996）证明，对实习咨询师学员进行培训，能够提高他们对于 TLDP 策略的依从性；而且，一项相关的研究（Kivlighan, Schuetz, 1998）发现，学员越专注于学习本身，他们的表现就越好。在另一项关于培训的研究中，利文森和博尔特（Levenson & Bolter, 1988）发现，在经过为期 6 个月的 TLDP 研究班和团体督导之后，学员对于短程治疗的价值观和态度变得更为积极了。其他针对参加短程治疗工作坊的专业人员所进行的研究支持了这些发现（Neff, Lambert, Lunnen, Budman & Levenson, 1996）

菲利普斯（Phillips, 2009）研究了接受培训的治疗师是怎样处理 42 次 TLDP 培训面谈中的联盟破裂的。研究结果表明，这些学员并不经常使用此时此地的人际干预措施（here-and-now interpersonal interventions）来修复破裂。菲利普斯总结道，有必要进行更多的培训，以帮助新手治疗师以一种非责备的共情方式来处理他们对来访者的反移情反应。在这个方面，她给 TLDP 治疗

师提出了 7 条建议:

1. 聚焦更多此时此地的关系活现;

2. 帮助来访者识别和表达他们的关系需求;

3. 深化来访者的情绪反应,提升他们的觉察力;

4. 在面谈中识别并关注微妙的破裂标记;

5. 当模式重演时,为自己在任何消极治疗过程中所发挥的作用负责;

6. 以非评判的、温暖的方式分享在面谈中的反移情感受;

7. 如果没有进行这样的分享,弄清楚是什么阻止了你这样做。

奥斯丁(Austin, 2011)对 66 次 TLDP 面谈录音中的自我卷入式暴露(一种元沟通)进行了研究。她使用了一种任务分析范式,发现接受培训的治疗师在面谈中进行这样的暴露之前,最好先等来访者与他们重新扮演其 CMP。与菲利普斯的建议类似,奥斯汀还发现,在积极联盟的背景下使用支持性、鼓励性的语气至关重要。

在福特、史密斯和马蒂森(Fauth, Smith & Mathisen, 2005)进行的一项自然研究中,一些具有博士学位的学员参加了一次为期 20 周的 TLDP 培训。研究结果表明,尽管学员的效果在培训阶段达到了顶峰,但在培训结束之后效果就退化了。根据学员的反馈,研究者总结说,他们没有考虑到组织 / 治疗文化支持的缺乏,因为在这种文化中,学生的个人督导者并不是 TLDP 的支持者。在最近一篇关于心理治疗培训之"高见"的文章中，福特、盖茨、温卡、博尔斯和海斯（Fauth, Gates, Vinca, Boles, & Hayes, 2007）提出了一个绝妙的观点，即要使培训具有持续的效果，它"必须与组织／治疗文化相一致，并植根于这种组织／治疗文化之中"（第387页）。根据我参加心理动力取向培训项目的经验，这通常意味着要处理督导者对更为短程的干预方式的怀疑态度、价值观和假设。

在一项关于培训之长期效果的追踪研究（这种追踪研究为数很少）中，拉鲁埃－亚洛姆和利文森（LaRue-Yalom & Levenson, 2001）对90位专业人员——他们先前（平均9年以前）曾在一家大医疗中心为期6个月的门诊轮班期间学习过TLDP——进行了调查。结果表明，这些专业人员差不多10年后仍在使用TLDP，他们还报告说在日常工作中会经常回忆起TLDP培训的一些方面。特别有趣的是，许多受访者表示，他们也已经将TLDP阐释和干预策略整合进了他们更为长期的治疗工作中。

短程治疗并不适合所有人

如前所述，有些问题并不适合采用短程动力干预——例如，严重的性格问题和严重的抑郁症。此外，一些从业者可能很难适应短程动力心理治疗所要求的那些互动性、指导性及自我暴露等技术。"短程治疗那种非常密集、深入的工作对治疗师的要求非常高"

（Rawson, 2005, 第 159 页）。而且，若要真正践行短程动力疗法的最佳实践（如第 1 章所述），那些持有"改变必须通过长期修通过程才能实现"等信念的治疗师（Bolter et al., 1990），可能需要经历艰难的理念转变。如果没有接受适当的培训以及忽视这些"阻抗"，我们发现，让这样的治疗师去实施短程干预，可能会将他们置于高度矛盾和不真实的情境之中（Levenson & Davidovitz, 2000）。

短程治疗师必须对模棱两可、延迟满足（也许是无限的）具有高度的容忍性。对于那些必须从其来访者的成功中享受乐趣的治疗师来说，应避免短期治疗的实践。很多时候，治疗时间结束了，而对来访者而言，改变的旅程却才刚刚开始。而且在通常情况下，短期治疗并不会让治疗师明显地产生自得情感或获得来访者溢于言表的感激。最后，短程治疗师还需要能够经常说出"你好"和"再见"。这很可能会让人出现情绪波动，因此，治疗师需要有很好的自我照顾能力和支持。

话虽如此，从事短程治疗还是非常具有奖赏性的。这项工作将乐观、务实、以结果为导向的态度与深层情绪联结的体验结合到了一起。看到面谈中发生的积极转变，以及几年后听闻来访者的改变，都让人非常满足。从个人层面上说，在我从事短程治疗的这 40 年里，来访者允许我进入他们的生活，虽然只是做短暂的停留，但却以无数细小而显著的方式丰富、改变和感动了我。

在下一章，我将讨论短程动力治疗在未来可能会发生的一些改变，并对该领域的发展提出我的建议。

6

未来发展

CHAPTER SIX

我将短程动力心理治疗的未来发展建议划分为三大领域：临床实践、研究与培训。

临床实践

根据整合的框架进行实践。这在很大程度上是已经发生的事情了。治疗师们正在将各种不同的技术吸收进他们"自家的"理论中，并将自家的理论与其他理论取向及其他学科的观点结合起来。例如，心理动力取向的短程治疗师会参加关于神经科学的工作坊，聆听民族学家的讲座，并学习如何与来访者一起使用正念冥想。我并不是说我们所有人最终都会根据某一宏大的整合框架进行实践，而是说我们可以继续进行大量的交叉对话。

继续聚焦于积极情感，并将治疗工作的本质视为不仅仅是消除病苦。很长时间以来，心理动力治疗师一直沉浸在一种病理模型中。现在，短程动力治疗师处在了一种理想的境地——从哲学上和程序上看都是如此——聚焦于欢乐、乐观及成长的力量。

放弃不切实际的、追求完美的治疗目标和"治愈"的观念。相反，我们需要聚焦于合理而有意义的改变，预期来访者在其一生中会回来接受好几次治疗。随着治疗的进展，从来访者那里获得反馈并根据需要进行矫正是很有价值且基于经验的程序（例如，Lambert，2013）。另一方面，随着对如何更快地促进改变的理解的加深，我

们不应该对突然的积极结果持怀疑态度（例如，Lane, Ryan, Nadel & Greenberg, 2015）。

*假定来访者可以从时间—效率视角中获益。*那么应避免在那些概念模糊且难以衡量的变量上耗费精力去挑选"恰到好处"的短期治疗来访者。不过，在治疗过程中，要能够意识到会有一些来访者（以及治疗师！）并不适合短期干预治疗。

*保持现实的态度，并抵制这样一种观点，即我们能够在越来越少的时间里做到越来越多的事情。*管理式医疗公司出于经济底线的考虑，限制面谈次数以及／或者所治疗问题的类型，这对一般的心理治疗实践，尤其是短程动力治疗产生了有害的影响。我们需要注意，我们的成效研究（该研究证明，在适当的情境下，改变可以很快出现）并不是让保险提供者用来作为减少治疗次数的理由的。在一些健康维护组织中，治疗时间非常短暂，以至于没有足够的时间，允许去开展如建立联盟、处理情绪及阐明关系主题等有益的治疗过程。

*聚焦于对文化作用以及多样性的理解。*人们不能认为文化仅仅是"少数群体"的东西。我们必须认识到，将多元的世界观考虑在内（特别是当它们在治疗中对权力动态产生了影响时），是我们的阐释及干预策略的不可分割的一部分。尽管在理解文化变量的作用方面取得了一些进展，但我们还有很长的路要走。制定将不同世界观考虑在内且具有文化胜任力的干预策略和技术（Sue & Sue, 2016）是一件至关重要的事情。

*不要将发展神经科学中正在研究的概念视为固定不变的。*尽管这一领域的研究正在蓬勃发展（且很有吸引力），但临床医生，尤其是那些几乎没有神经科学背景的临床医生，需要注意不要武断地下结论，认为我们可以确定特定的神经过程和大脑结构来精确地解释为什么我们的治疗干预工作能够起作用以及如何起作用。一些治疗师可能会过于迅速而过早地利用这些客观发现。不过，这一领域的研究（例如，人类大脑具有可塑性，能够发生变化）还是让人安心、鼓舞人心的，同时也让人们充满了希望。

*研究一些先进技术（例如，"应用程序"）在为更加多样化和/或服务不足的人群提供服务方面的有用性。*一些有用的指南（例如，Luxton, Nelson & Maheu, 2016）已经开始出现。从短程动力的视角看，研究这些技术进步如何能够促进服务、心理教育和培训的提供将是一个挑战。

研究

*不要过于强调"得到实证支持的治疗"。*最近一些关于短程动力治疗的研究正试图借鉴认知—行为研究中的一些方法与视角——为特定的诊断寻求特定的治疗方法。对实际临床的短程治疗的研究（而不只是对那些仔细选择来访者的控制试验进行研究）应该受到称赞——并获得资金支持。正如巴伯和夏普利斯（Barber &

Sharpless, 2015）所指出的那样，"最近有大量高质量的心理动力治疗研究"（第309页）。不过，这些学者对主流趋势的发展方向持悲观态度，因为心理治疗研究的资金不足（用巴伯和夏普利斯的话说，是"不存在"）、心理健康治疗的医学化，以及心理动力取向的教员人数下降。因此，需要对治疗师可以用来指导其临床工作的干预策略和改变理论进行实证研究（Westen, Novotny & Thompson-Brenner, 2004）。事实上，任何鼓励临床医生与研究人员进行有意义对话的事情都应该得到推广（Talley, Strupp & Butler, 1994）。幸运的是，人们的注意力已经转向了这些对话。最近，美国心理学会第12分会（临床心理学）和第29分会（心理治疗促进会）提出了一项联合倡议，以促进研究与实践之间双向桥梁的建立（Goldfried, 2012）。此外，最近几次会议的主题是研究人员如何向临床医生学习，以及临床医生如何向研究人员学习（例如，2013年的心理治疗研究学会国际会议，2013年的心理治疗整合探索学会国际会议）。而且，卡斯顿圭、巴克汉姆、卢茨和麦卡利维（Castonguay, Barkham, Lutz, & McAleavey, 2013）在《心理治疗与行为改变手册（原书第六版）》（*Handbook of Psychotherapy and Behavior Change, the sixth edition*）中，专门用一个章节描述了实践导向研究的方法和应用。

*探究多元文化因素在短程治疗中的作用。*与所有的治疗方法一样，短程动力治疗也从更多了解文化对治疗过程的影响中获益良多，这将有助于我们更好地服务于大量来自不同背景的寻求帮助的人们。

*鼓励心理动力取向的短程治疗师在他们自己的机构和实践中找到一种方法进行"迷你研究"。*临床医生可以运用他们自己的个人实践来评估来访者的心理治疗过程与结果数据。而且，与严格控制的研究不同，治疗师可以根据实时发现动态调整治疗方案。最近针对以患者为中心的研究（Lambert, 2013）进行的工作与这种方法相一致，在其中，"结果管理研究策略旨在帮助临床医生系统监测患者的治疗反应，并实时调整治疗方案"（Lambert, 2013, 第13页）。

*探究如何最佳地向治疗师和学员教授短程动力原理。*对于短程干预的需要只会越来越多。我们需要学会如何通过最佳途径告知新一代从业者，让他们能够以一种高效的方式胜任实践。鉴于大多数临床项目都投入了大量的时间与精力进行教学和督导，这一领域中实证研究的缺乏令人震惊。谈论完这一点，我在下一部分将呈现一些初步的指导方针。

培训

*以短程动力治疗手册为起点。*根据我的经验（和研究结论），对于那些几乎没有这一领域经验的人来说，短程动力治疗培训手册为学习短期取向提供了一个非常有用的起点。不过，我们显然不鼓励机械地照搬这些手册内容的做法。

用密切关联、具有指导性且具体的反馈来培训短程动力治疗师

（无论这位学习者的经验水平如何）。手把手相传的指导性实践是必需的。在这个方面，使用临床录像的价值无法估量。事实上，在我的短程治疗培训项目中，我会依赖于录像来论证教学要点，而且，受督导者必须录制咨询过程并提供节选录像才能获得我的督导。

我更喜欢的教学形式是在一段较长的时间内（通常为6个月）向小组学员展示真实治疗面谈的录像片段。这些研讨班的学员观看一些为了特定的培训目的而剪辑的面谈片段（例如，一个涉及反移情再次扮演的片段）。在一些预定的位置，我会把录像停下来，让学员说出正在发生的是什么情况，将相关材料与不相关材料区分开来，提出治疗师可能会使用的干预措施，证明他们的选择的合理性，以及预期来访者的即时行为。我所提倡的这种方法与"锚定教学"（anchored instruction）的形式是一致的。锚定教学指的是在一个与现实条件非常相似的情境中，学习者通过积极参与，习得与某一特定问题尤其相关的知识（Binder, 2004; Schacht, 1991）。要想获得更多关于为了教学目的而使用录像的信息，可以参阅利文森（Levenson, 1995）和安德森、奥格尔斯、帕特森、兰伯特、维尔梅尔什（Anderson, Ogles, Patterson, Lambert, & Vermeersch, 2009）的作品。

聚焦于治疗师的关系技能。 我们有必要帮助短程治疗从业者打磨他们准确识别和追踪情绪，以及与来访者保持共情共鸣的能力。治疗师可以在何种程度上习得这些技能，仍然是一个经验问题。有研究者（例如, Ekman, 2003）设计了一些培训材料来教授情绪识别的小技能，但我们还是迫切地需要更多的程序性教学材料。值得注

意的是，安德森等人（Anderson et al., 2009）基于表演的治疗师的促进人际交往技能（facilitative interpersonal skills, FIS）措施与我在 TLDP 中使用的方法非常相似。在 FIS 中，治疗师观看一系列真实的 TLDP 治疗面谈录像片段（不过，由演员模拟）。随着面谈的展开，治疗师会被问及他或她在某个特定的时刻会说什么，然后将这些反应进行编码，并对治疗师在促进治疗状况方面的技能水平进行评估。

总结

短程动力治疗最初是为了尽可能有效、高效地帮助来访者，而且，这一领域的先驱者打破了许多精神分析禁忌。从那个时候起，关于短程动力治疗的理论、研究和实践都取得了很大的进展。对关系范式的强调，对于将治疗中发生的事情从"彼时彼地"重新聚焦到"此时此地"非常有帮助。这种即时性使得治疗工作能够以一种更加生动、实时的方式进行，从而促进改变的加速。另一重大范式转变是从认知洞察到情感的重新聚焦，这使得短程动力治疗可以与时俱进，并再一次允许在治疗室内外发生更多显著的变化。随着治疗师"重新发现"了依恋理论和共情的核心作用，关于这一主题的研究与临床的出版物也越来越多。相当多的实证文献已经确认，短程治疗是有效的，现在，我们可以转向与临床更为相关的主题，如为什么治疗、为谁治疗、由谁治疗，以及在什么样的情境下治疗。

　　围绕这一领域的学习、实践让人兴奋。我们干预的力度也很大。我们正在不断突破可能的限制，而且，我们的来访者也在比以前更了解情况的前提下寻求这样的治疗。我希望，本书不仅介绍了这样一个让人着迷的主题，而且提供了一个起点，大家可以从这个起点出发，去探索各种各样的短程动力心理治疗及其前景。

关键术语表

核心情感体验（core affective experience）：福沙（2000）将它们定义为一种情感反应——"当我们不试图去掩饰、阻碍、歪曲或严重减弱它们时"的情感反应。

矫正性情绪体验（corrective emotional experience）：亚历山大和弗伦奇（1946）最初将其定义为重新体验一种以前未解决的冲突，不过"结尾却不一样"。最近的定义强调以一种不同的（例如，更为健康的、更为安全的）方式来体验治疗关系的关系方面，而这与个体早先的（功能失调的）关系体验是不一样的。

反移情（countertransference）：经典反移情，有时候也被称为主观性反移情（subjective countertransference），"指的是治疗师针对一位特定患者所体验到的防御性的、非理性的反应与情感"（Kiesler, 1996, 第230页），这些反应与情感是治疗师自身未解决之冲突或人格模式的产物。交互的反移情，也被称为客观性反移情（objective countertransference），"指的是治疗师受到压抑的情感、态度以及反应，主要由患者的行为引起，而且可以泛化至与这同一个人互动的其他治疗师"身上（Kiesler, 1996, 第230页）。

以情绪为中心的心理治疗（emotion-focused psychotherapy）：一种针对个体、夫妻以及家庭的治疗取向，强调情绪对于理解互动模式，以及作为一种强有力的改变动因的重要作用。

感觉到的感受（felt sense）：这是简德林（Gendlin, 1981）创造的一个术语，用来指对某种被体验为体内意识（相对于象征性的或外显的认识方式）的"东西"的模糊的、整体的、无意识的、前言语的（preverbal）感受。

即时性（immediacy）：在治疗面谈的过程中揭示治疗师对来访者的感受、他或她自己与来访者的关系，或者对治疗关系的感受（Hill, 2004）；参见元沟通。

人际神经生物学（interpersonal neurobiology）：一种跨学科的取向，将我们所知道的关于心理的知识（人们通常认为这种知识产生于神经生物过程与人际过程的交界处）与那些促进心理幸福的东西结合到了一起（Siegel, 2006, 第248页），也被称为关系神经科学（relational neuroscience）。它"假定，大脑是一个通过经验而形成的社会器官"（Cosolino, 2006, 第7页）。

管理式医疗（managed care）：一个卫生保健输出系统，其目的是在提供各种服务的同时，控制费用与利用率。保险公司支付或报销治疗的费用，"管理者"（而不是临床医生）就可以决定治疗应该持续多长时间，以及可以治疗哪些类型的问题，这导致有些人轻蔑地称其为"管理式费用"，甚至是"管理式医疗"。

心智化（mentalizing）：冯纳吉和塔吉特（Fonagy & Target, 2006）所使用的一个术语，用来描述一种根据某人自己以及他人的意向性心理状态（例如，需要、情感、动机等）来感知和解释人类行为的心理能力。

元沟通（metacommunication）：一个对治疗师与来访者之间通过言语以及／或者非言语方式传达的东西进行谈论的过程。

安全基地 （secure base）：鲍尔比关于养育的作品中的一个重要概念——"父母双方提供一个安全的基地，从这个基地出发，一个儿童或青少年能够向外部世界出击，而且他能够回到这个基地，并且非常肯定地知道，当到达那里，他会受到热烈的欢迎，会在身体和情绪方面获得滋养，在忧伤的时候会得到安慰，在害怕的时候会获得安心"（Bowlby, 1988, 第 11 页）。

时间关注（time-attentive）：指治疗师本身的一种态度，表明他或她意识到了时间是治疗工作中的一个因素（通常是限制性的）。

推荐阅读

要想更广泛地了解各种短程动力心理治疗模式，梅瑟与沃伦（Messer & Warren, 1995），以及利文森、勃特勒、鲍尔斯、拜特曼（Levenson, Butler, Powers & Beitman, 2002）的著作是很好的入门书。卡伦（Karen, 1998）曾撰写了一本非常容易理解的关于依恋的教科书，该书对于新手和有经验的从业者来说都很有价值。对于那些想要获得更多关于过程—体验研究的基本原理的治疗师或受训者来说，《促进情绪改变：即时的过程》（*Facilitating Emotional Change: The Moment-by-Moment Process*，Greenberg, Rice & Elliott, 1993）是一本极好的入门书。科索利诺（Cosolino, 2006）提出的人际神经生物学这一有趣且不断发展的领域的取向，让临床医生们受益颇多。《发挥作用的心理治疗关系》（*Psychotherapy Relationships That Work*, Norcross, 2002）一书描述了改善来访者与治疗师之间的关系（而不是聚焦于理论驱动的技术），何以会带来更好的结果。

要想进一步探究限时动力心理治疗（TLDP），有 3 本主要的教科书可以阅读（Binder, 2004; Levenson, 1995; Strupp & Binder, 1984）。此外，在伊尔斯的《心理治疗案例阐释手册》（*Handbook of Psychotherapy Case Formulation*）中，我们可以看到有整整一章的内容都是关于 TLDP 阐释的（Levenson & Strupp, 2007）。《短程心理治疗的艺术与科学》（*The Art and Science of Brief Psychotherapies*）中也有一个章节从综合的视角介绍了 TLDP，并附有视频（Levenson, 2017）。要想感受 TLDP 中所使用的"此时

此地"过程如何用于儿童治疗，读者可参阅弗拉什的著作（Flasher,
2000）。而要想了解其在夫妻治疗和团体治疗中的应用，《创造联
结》（Creating Connection, Johnson, 2004）和《团体心理治疗的
理论与实践》（The Theory and Practice of Group Psychotherapy,
Yalom & Leszcz, 2005）非常适合阅读。当然，阅读那些将成为短
程动力治疗早期先驱的研究者的原著（例如，弗洛伊德、兰克、亚
历山大），也是一件很有吸引力的难得乐事。

　　对于那些持认知—行为取向的读者，我强烈推荐沙夫兰和塞加
尔（Safran & Segal, 1990）关于认知治疗中的人际过程的著作。
如果有人想知道短程动力心理治疗中的面谈看起来如何以及听起来
如何，可以观看一些有帮助的视频（美国心理学会网站），这些视
频演示了如何对来访者进行短程动力治疗。除了阅读和观看视频外，
我还建议感兴趣者去参加国内和国际上开办的各种动力取向的短程
治疗工作坊。

　　下一步的学习是体验式的。试着用录音机或者（最好是）摄像
机录下你自己的治疗面谈过程。正如我跟学员所说的，即使他们仅
仅是观看自己的治疗面谈视频，而不做其他任何事情，他们学到的
东西也将多得让人难以置信。在你观看或听你所录下的面谈时，请
使用 CMP 图（参见，图 4.1）来组织来访者的信息，同时遵循表
4.1 和表 4.2 所概括出的阐释和干预策略，将其作为指导。通过将
这些项目用作一个检核清单，你就可以担任你自己的评估员，来评
估 TLDP 的实施程度。尽管给出了所有这些建议，但没有什么可以
超越持续进行的临床督导（进行临床督导的通常是一位咨询师，他
知道如何在良好督导关系的背景下根据所记录下的材料，给出具体
的反馈）。有了这样的详细反馈和有益关系的经验，我们就可以开
始学习如何将理论概念和临床策略运用于真实的案例情境之中。

　　最后，我们自己的来访者也是了不起的老师。我还记得，在我
的第一次临床实践中，当一位督导师指出我没有领会来访者（一个
小孩）告诉我的一些东西时，我感到很懊恼。不过，她很明智地告

诉我，这个小孩会一遍又一遍地试图将重要的信息传达给我，如果我能敞开心扉去倾听，就会成功。我认为，TLDP 就是这样一种保持开放、富有思想、尊重他人的助人方法。

相关读物

Binder, J. L. (2004). *Key competencies in brief dynamic psychotherapy: Clinical practice beyond the manual.* New York, NY: Guilford Press.

Cosolino, L. (2006). *The neuroscience of human relationships: Attachments and the developing brain.* New York, NY: Norton.

Flasher, L. V. (2000). Cyclical maladaptive patterns: Interpersonal case formulation for psychotherapy with children. *Journal of Contemporary Psychotherapy,* 30, 239-254.

Johnson, S. (2004). *Creating connection: The practice of emotionally focused couples therapy* (2nd ed.). New York, NY: Brunner-Routledge.

Karen, R. (1998). *Becoming attached: First relationships and how they shape our capacity to love.* New York, NY: Oxford University Press.

Levenson, H. (1995). *Time-limited dynamic psychotherapy: A guide to clinical practice.* New York, NY: Basic Books.

Levenson, H. (2017). Time-limited dynamic psychotherapy: An integrative approach. In M. Dewan, B. Steenbarger & R. Greenberg (Eds.), *The art and science of brief psychotherapies: An illustrated guide* (3rd ed., pp. 195-238). Arlington, VA: American Psychiatric Publishing.

Levenson, H., Butler, S. R., Powers, T. A. & Beitman, B. (2002). *Concise guide to brief dynamic and interpersonal therapy.* Washington, DC: American Psychiatric Publishing.

Levenson, H., & Strupp, H. H. (2007). Cyclical maladaptive patterns: Case formulation in time-limited dynamic psychotherapy. In T. D. Eells (Ed.), *Handbook of psychotherapy case formulation* (2nd ed., pp. 164-197). New York, NY: Guilford Press.

Messer, S. B., & Warren, C. S. (1995). *Models of brief psychodynamic therapy: A comparative approach.* New York, NY: Guilford Press.

Norcross, J. C. (Ed.). (2011). *Psychotherapy relationships that work* (2nd edition). New York, NY: Oxford University Press.

Safran, J. D., & Segal, Z. V. (1990). *Interpersonal process in cognitive therapy.* New York, NY: Basic Books.

Strupp, H. H., & Binder, J. L. (1984). *Psychotherapy in a new key: A guide to time-limited dynamic psychotherapy.* New York, NY: Basic Books.

Yalom, I. D., & Leszcz, M. (2005). *The theory and practice of group psychotherapy* (5th ed.). New York, NY: Basic Books.

参考文献

Abbass, A. (2015). *Reaching through resistance: Advanced psychotherapy techniques*. Kansas City, MO: Seven Leaves Press.

Abbass, A., Sheldon, A., Gyra, J., & Kalpin, A. (2008). Intensive short-term dynamic psychotherapy for *DSM-IV* personality disorders: A randomized controlled trial. *Journal of Nervous and Mental Disease*, 196, 211-216.

Adamson, O. L. B., & Frick, J. E. (2003). The still face: A history of a shared experimental paradigm. *Infancy*, 4, 451-473.

Ainsworth, M. D. S. (1967). *Infancy in Uganda: Infant care and the growth of love*. Baltimore, MD: Johns Hopkins University Press.

Alexander, F., & French, T. (1946). *Psychoanalytic therapy: Principles and applications*. New York, NY: Ronald Press.

Anderson, E. M., & Lambert, M. J. (1995). Short-term dynamically oriented psychotherapy: A review and meta-analysis. *Clinical Psychology Review*, 15, 503-514.

Anderson, T., Crowley, M. E., Patterson, C. L., & Heckman, B. D. (2012). The influence of supervision on manual adherence and therapeutic processes. *Journal of Clinical Psychology*, 68, 972-988.

Anderson, T., Knobloch-Fedders, L. M., Stiles, W. B., Ordoñez, T., & Heckman, B. D. (2012). The power of subtle interpersonal hostility in psychodynamic psychotherapy: A speech acts analysis. *Psychotherapy Research*, 22, 348-362.

Anderson, T., Ogles, B. M., Patterson, C. L., Lambert, M. J., & Vermeersch, D. A. (2009). Therapist Effects: Facilitative Interpersonal Skills as a Predictor of Therapist Success. *Journal of Clinical Psychology*, 65, 755-768.

Anderson, T., & Strupp, H. H. (2015). Training in time-limited dynamic psychotherapy: A systematic comparison of pre- and post-training cases treated by one therapist. *Psychotherapy Research*, 25, 595-611.

Angus, L. (2015). *Narrative-emotion processes coding system manual*. Unpublished manuscript, Angus Narrative-Emotion Marker Lab, York University, Toronto, Ontario, Canada.

Aron, L. (1991). The patient's experience of the analyst's subjectivity. *Psychoanalytic Dialogues*, 1, 29-51.

Austin, T. (2011). *A task analysis of metacommunication in time-limited dynamic psychotherapy* (Unpublished doctoral dissertation). Antioch New England Graduate School, Keene, NH.

Barber, J. P., Muran, J. C., McCarthy, K. S., & Keefe, J. R. (2013). Research on dynamic therapies. In M. J. Lambert (Ed.), *Handbook of Psychotherapy and behavior change* (pp. 443-494). New York, NY: Wiley.

Barber, J. P., & Sharpless, B. A. (2015). On the future of psychodynamic therapy research. *Psychotherapy Research,* 25, 309-320.

Barkham, M., Shapiro, D. A., Hardy, G. E., & Rees, A. (1999). Psychotherapy in two-plus-one sessions: Outcomes of a randomized controlled trial of cognitive-behavioral and psychodynamic-interpersonal therapy for subsyndromal depression. *Journal of Consulting and Clinical Psychology*, 67, 201-211.

Barlow, D. H. (2000). Unraveling the mysteries of anxiety and its disorders from the perspective of emotion theory. *American Psychologist*, 55, 1247-1263.

Bauer, G. P., & Kobos, J. C. (1987). *Brief therapy: Short-term psychodynamic intervention*. Northvale, NJ: Jason Aronson.

Baxter, L. R., Jr., Schwartz, J. M., Bergman, K. S., Szuba, M. P., Guze, B. H., Mazziotta, J. C., . . . Phelps, M. E. (1992). Caudate glucose metabolic rate changes with both drug and behavior therapy for obsessive-compulsive disorder. *Archives of General Psychiatry*, 49, 681-689.

Bedics, J. D., Henry, W. P. & Atkins, D. C. (2005). The therapeutic process as a predictor of change in patients' important relationships during time-limited dynamic psychotherapy. *Psychotherapy: Theory, Research, Practice, Training*, 42, 279-284.

Beebe, B., & Lachmann, F. M. (1988). The contribution of mother-infant mutual influence to the origins of self and object representations. *Psychoanalytic Psychology*, 5, 305-337.

Bein, E., Anderson, T., Strupp, H., Henry, W., Schacht, T., Binder, J., & Butler, S.

(2000). The effects of training in time-limited dynamic psychotherapy: Changes in therapeutic outcome. *Psychotherapy Research,* 10, 119-132.

Bein, E., Levenson, H., & Overstreet, D. (1994, June). *Outcome and follow-up data from the VAST project.* Paper presented at the 25th International Annual Meeting of the Society for Psychotherapy Research, York, England.

Benjamin, L. S. (1974). Structural analysis of social behavior. *Psychological Review*, 81, 392-425.

Benjamin, L. S. (1993). *Interpersonal diagnosis and treatment of personality disorders.* New York, NY: Guilford Press.

Binder, J. L. (2004). *Key competencies in brief dynamic psychotherapy.* New York, NY: Guilford Press.

Binder, J. L., & Henry, W. P. P. (2010). Developing skills in managing negative process. In J. C. Muran & W. P. Henry (Eds.), *The therapeutic alliance: An evidence-based guide to practice* (pp. 285-303). New York, NY: Guilford Press.

Bischoff, M. M., & Tracey, T. J. G. (1995). Client resistance as predicted by therapist behavior: A study of sequential dependence. *Journal of Counseling Psychology,* 42, 487-495.

Bollas, C. (1987). *The shadow of the object: Psychoanalysis of the unthought known.* New York, NY: Columbia University Press.

Bolter, K., Levenson, H., & Alvarez, W. F. (1990). Differences in values between short-term and long-term therapists. *Professional Psychology: Research and Practice*, 21, 285-290.

Book, H. E. (1998). *How to practice brief dynamic psychotherapy.* Washington, DC: American Psychological Association.

Boswell, J. F., & Castonguay, L. G. (2007). Guest editors' introduction to special section on psychotherapy training. *Psychotherapy: Theory, Research, Practice, Training*, 44, 363.

Bowlby, J. (1969). *Attachment and loss: Vol. 1. Attachment.* New York, NY: Basic Books.

Bowlby, J. (1973). *Attachment and loss: Vol. 2. Separation anxiety and anger.* New York, NY: Basic Books.

Bowlby, J. (1980). *Attachment and loss: Vol. 3. Loss, sadness, and depression.* New York, NY: Basic Books.

Bowlby, J. (1988). *A secure base: Clinical applications of attachment theory.* London, England: Routledge.

Bridges, M. R. (2006). Activating the corrective emotional experience. *Journal of Clinical Psychology,* 62, 551-568.

Budman, S. H., & Gurman, A. S. (1988). *Theory and practice of brief psychotherapy*. New York, NY: Guilford Press.

Burgoon, J. K. (1985). Nonverbal signals. In M. L. Knapp & G. R. Miller (Eds.), *Handbook of interpersonal communication* (pp. 344-390). Beverly Hills, CA: Sage.

Burke, J. D., Jr., White, H. S., & Havens, L. L. (1979). Which short-term therapy? Matching patient and method. *Archives of General Psychiatry*, 36, 177-186.

Burke, W. (1992). Countertransference disclosure and the asymmetry/mutuality dilemma. *Psychoanalytic Dialogues,* 2, 241-271.

Burum, B. A., & Goldfried, M. R. (2007). The centrality of emotion to psychological change. *Clinical Psychology: Science and Practice,* 14, 407-413.

Butler, S. F., & Binder, J. L. (1987). Cyclical psychodynamics and the triangle of insight. *Psychiatry: Interpersonal and Biological Processes,* 50, 218-231.

Butler, S. F., & Strupp, H. H. (1986). "Specific" and "nonspecific" factors in psychotherapy: A problematic paradigm for psychotherapy research. *Psychotherapy: Theory, Research, Practice, Training,* 23, 30-40.

Butler, S. F., & Strupp, H. H. (1988). The role of affect in time-limited dynamic psychotherapy. In S. H. Budman & A. S. Gurman (Eds.), *Theory and practice of brief psychotherapy* (pp. 83-112). New York, NY: Guilford Press.

Butler, S. F., & the Center for Psychotherapy Research Team. (1986). *Working manual for the Vanderbilt Therapeutic Strategies Scale*. Unpublished manuscript, Vanderbilt University, Nashville, TN.

Butler, S. F., Strupp, H. H., & Binder, J. L. (1993). Time-limited dynamic psychotherapy. In S. Budman, M. Hoyt, & S. Friedman (Eds.), *The first session in brief therapy*. New York, NY: Guilford Press.

Cameron, C. L. (2006). Brief psychotherapy: A brief review. *American Journal of Psychotherapy,* 60, 147-152.

Castonguay, L. G., & Beutler, L. E. (2005). *Principles of therapeutic change that work*. New York, NY: Oxford University Press.

Castonguay, L. G., Barkham, M., Lutz, W., & McAleavey, A. (2013). Practice-oriented research: Approaches and applications. In M. J. Lambert (Ed.), *Bergin and Garfield's handbook of psychotherapy and behavior change* (6th ed., pp. 85-131). New York, NY: Wiley.

Castonguay, L. G., & Hill, C. E. (Eds.). (2007). *Insight in psychotherapy*.

Washington, DC: American Psychological Association.

Connolly, M. B., Crits-Christoph, P., Demorest, A., Azarian, K., Muenz, L., & Chittams, J. (1996). Varieties of transference patterns in psychotherapy. *Journal of Consulting and Clinical Psychology,* 64, 1213-1221.

Cooley, C. H. (1902). *Human nature and the social order.* New York, NY: Scribner.

Cooper, A. M. (1987). Changes in psychoanalytic ideas: Transference interpretation. *Journal of the American Psychoanalytic Association,* 35, 77-98.

Cosolino, L. (2006). *The neuroscience of human relationships: Attachments and the developing brain.* New York, NY: Norton.

Crits-Christoph, R., Barber, J. P., & Kurcias, J. S. (1991). Introduction and historical background. In R. Crits-Christoph & J. P. Barber (Eds.), *Handbook of short-term dynamic psychotherapy* (pp. 1-12). New York, NY: Basic Books.

Cummings, N. A. (1995). Unconscious fiscal convenience. *Psychotherapy in Private Practice,* 14, 23-28.

Damasio, A. (1999). *The feeling of what happens.* New York, NY: Harcourt, Brace.

Davanloo, H. (Ed.). (1978). *Basic principles and techniques in short-term dynamic psychotherapy.* New York, NY: Spectrum.

Davanloo, H. (1986). Intensive short-term psychotherapy with highly resistant patients, I: Handling resistance. *International Journal of Short-Term Psychotherapy,* 1, 107-133.

DeMaat, S., Dekker, J., Schoevers, R., van Aalst, G., Gijsbers-van Wijk, C., Hendriksen, M., . . . de Jonghe, F. (2008). Short psychodynamic supportive psychotherapy, antidepressants and their combination in the treatment of major depression: A mega-analysis based on three randomized clinical trials. *Depression and Anxiety,* 25, 565-574.

Diener, M. J., Hilsenroth, M. J., & Weinberger, J. (2007). Therapist affect focus and patient outcomes in psychodynamic psychotherapy: A meta-analysis. *The American Journal of Psychiatry,* 164, 936-941.

Eagle, M. N. (1984). *Recent developments in psychoanalysis: A critical evaluation.* New York, NY: McGraw-Hill.

Eells, T. D. (2007). *Handbook of psychotherapy case formulation.* New York, NY: Guilford Press.

Ekman, R. (2003). *Emotions revealed.* New York, NY: Holt.

Ekman, P., & Davidson, R. J. (1994). *The nature of emotion: Fundamental questions.* New York, NY: Oxford University Press.

Elliott, R. (2001). Contemporary brief experiential psychotherapy. *Clinical Psychology: Science and Practice*, 8, 38-50.

Emde, R. N. (1991). Positive emotions for psychoanalytic theory: Surprises from infancy research and new directions. *Journal of the American Psychoanalytic Association,* 39, 5-44.

Falkenström, F., Josefsson, A., Berggren, T., & Holmqvist, R. (2016). How much therapy is enough? Comparing dose-effect and good-enough models in two different settings. *Psychotherapy*, 53, 130-139.

Fauth, J., Gates, S., Vinca, M. A., Boles, S., & Hayes, J. A. (2007). Big ideas for psychotherapy training. *Psychotherapy: Theory, Research, Practice, Training,* 44, 384-391.

Fauth, J., Smith, S., & Mathisen, A. (2005, June). *A naturalistic study of the effectiveness of training in time limited dynamic psychotherapy for clinical psychology trainees.* Paper presented at the 2005 International Meeting of the Society for Psychotherapy Research, Montreal, Quebec, Canada.

Fenichel, O. (1941). *Problems of psychoanalytic technique.* New York, NY: Psychoanalytic Quarterly.

Ferenczi, S. (1950). Technical difficulties in the analysis of a case of hysteria. In J. Rickman (Ed.), *Further contributions to the theory and technique of psychoanalysis* (pp. 189-198). London, England: Hogarth. (Original work published 1920)

Ferenczi, S., & Rank, O. (1925). *The development of psychoanalysis.* New York, NY: Nervous and Mental Disease Publication.

Fisher, H., Atzil-Slonim, D., Bar-Kalifa, E., Rafaeli, E., & Peri, T. (2016). Emotional experience and alliance contribute to therapeutic change in psychodynamic therapy. *Psychotherapy,* 53, 105-116.

Flasher, L. V. (2000). Cyclical maladaptive patterns: Interpersonal case formulation for psychotherapy with children. *Journal of Contemporary Psychotherapy,* 30, 239-254.

Flegenheimer, W. V. (1982). *Techniques of brief psychotherapy.* New York, NY: Aronson.

Fonagy, P., Gergely, G., Jurist, E. L., & Target, M. (2002). *Affect regulation, mentalization, and the development of the self.* New York, NY: Other Press.

Fonagy, P., Roth, A., & Higgitt, A. (2005). Psychodynamic psychotherapies: Evidenced-based practice and clinical wisdom. *Bulletin of the Menninger Clinic*, 69, 1-58.

Fonagy, P., & Target, M. (2006). The mentalization-focused approach to self-pathology. *Journal of Personality Disorders*, 20, 544-576.

Fosha, D. (1995). Technique and taboo in three short-term dynamic psychotherapies. *The Journal of Psychotherapy Practice and Research*, 4, 297-318.

Fosha, D. (2000). *The transforming power of affect: A model for accelerated change*. New York, NY: Basic Books.

Fosha, D., Siegel, D. J., & Solomon, M. F. (Eds.). (2009). *The healing power of emotion: Affective neuroscience, development and clinical practice*. New York, NY: Norton.

Frank, J. D., & Frank, J. B. (1991). *Persuasion and healing: A comparative study of psychotherapy* (3rd ed.). Baltimore, MD: Johns Hopkins University Press.

Fredrickson, B. L. (2001). The role of positive emotions in positive psychology. The broaden-and-build theory of positive emotions. *American Psychologist*, 56, 218-226.

Freud, S. (1924). Recommendations for physicians on the psycho-analytic method of treatment. In E. Jones (Ed.) & J. Riviere (Trans.), *Collected papers of Sigmund Freud* (Vol. 2, pp. 323-333). London, England: Hogarth Press.

Freud, S. (1953). Psychoanalytic method. In E. Jones (Ed.) & J. Riviere (Trans.), *Collected papers of Sigmund Freud: Early papers* (Vol. 1, pp. 264-271). London, England: Hogarth Press.

Freud, S. (1964a). Analysis terminable and interminable. *Standard Edition* (Vol. 23, pp. 209-253). London, England: Hogarth Press. (Original work published 1937)

Freud, S. (1964b). New introductory lectures on psycho-analysis. *Standard Edition* (Vol. 22, pp. 2-128). London, England: Hogarth Press. (Original work published 1933)

Frew, J., & Spiegler, M. (2008). *Contemporary psychotherapies for a diverse world*. Boston, MA: Lahaska Press.

Frewen, P. A., Dozois, D. J. & Lanius, R. A. (2008). Neuroimaging studies of psychological interventions for mood and anxiety disorders: Empirical and methodological review. *Clinical Psychology Review*, 28, 228-246.

Friedlander, M. L., Angus, L., Wright, S. T., Günther, C., Austin, C. L., Kangos, K., ... Khattra, J. (2016). "If those tears could talk, what would they say?" Multi-method analysis of a corrective experience in brief dynamic therapy. *Psychotherapy Research*, 1-18.

Frijda, N. H. (1986). *The emotions.* Cambridge, England: Cambridge University Press.

Gabbard, G. O. (1993). An overview of countertransference with borderline patients. *The Journal of Psychotherapy Practice & Research,* 2, 7-18.

Gabbard, G. O. (2000). A neurobiologically informed perspective on psychotherapy. *The British Journal of Psychiatry,* 177, 117-122.

Gallese, V. (2003). The roots of empathy: The shared manifold hypothesis and the neural basis of intersubjectivity. *Psychopathology,* 36, 171-180.

Garfield, S. L. (1994). Research on client variables in psychotherapy. In A. E. Bergin & S. L. Garfield (Eds.), *Handbook of psychotherapy and behavior change* (4th ed., pp. 190-228). New York, NY: Wiley.

Gelso, C. J. (2004). Countertransference and its management in brief dynamic therapy. In D. P. Charman (Ed.), *Core processes in brief psychodynamic psychotherapy* (pp. 231-250). Mahwah, NJ: Erlbaum.

Gendlin, E. T. (1981). *Focusing.* New York, NY: Bantam Books.

Gendlin, E. T. (1991). On emotion in therapy. In J. D. Safran & L. S. Greenberg (Eds.), *Emotions, psychotherapy, and change* (pp. 255-279). New York, NY: Guilford Press.

Gendlin, E. T. (1996). *Focusing-oriented psychotherapy: A manual of the experiential method.* New York, NY: Guilford Press.

Gibbons, M. B., Crits-Christoph, P., & Hearon, B. (2008). The empirical status of psychodynamic therapies. *Annual Review of Clinical Psychology,* 4, 93-108.

Gill, M. M. (1982). *Analysis of transference: Vol. 1. Theory and technique.* New York, NY: International Universities Press.

Goldapple, K., Segal, Z., Garson, C., Lau, M., Bieling, P., Kennedy, S., & Mayberg, H. (2004). Modulation of cortical-limbic pathways in major depression: Treatment-speciffc effects of cognitive behavior therapy. *Archives of General Psychiatry,* 61, 34-41.

Goldfried, M. R. (2012). President's column. *Psychotherapy Bulletin,* 47(4), 2-4.

Goleman, D. (1995). *Emotional intelligence.* New York, NY: Bantam Books.

Greenberg, J. R. (1991). Countertransference and reality. *Psychoanalytic Dialogues,* 1, 52-73.

Greenberg, L. S. (2002). *Emotion-focused therapy: Coaching clients to work through their feelings.* Washington, DC: American Psychological Association.

Greenberg, L. S. (2012). Emotions, the great captains of our lives: Their role in the process of change in psychotherapy. *American Psychologist,* 67, 697-707.

Greenberg, L. S., & Paivio, S. C. (1997). *Working with the emotions in psychotherapy.* New York, NY: Guilford Press.

Greenberg, L. S., & Pascual-Leone, J. (2006). Emotion in psychotherapy: A practice-friendly research review. *Journal of Clinical Psychology: In Session, 62,* 611-630.

Greenberg, L. S., Rice, L. N., & Elliott, R. (1993). *Facilitating emotional change: The moment-by-moment process.* New York, NY: Guilford Press.

Greenberg, L. S., & Safran, J. D. (1987). *Emotion in psychotherapy: Affect, cognition, and the process of change.* New York, NY: Guilford Press.

Grotjahn, M. (1966). Franz Alexander: Western mind in translation. In F. Alexander, S. Eisenstein, & M. Grotjahn (Eds.), *Psychoanalytic pioneers.* New York, NY: Basic Books.

Haley, J. (1997). *Leaving home: The therapy of disturbed young people* (2nd ed.). London, England: Brunner/Routledge.

Hansen, N. B., & Lambert, M. J. (2003). An evaluation of the dose-response relationship in naturalistic treatment settings using survival analysis. *Mental Health Services Research, 5,* 1-12.

Hansen, N. B., Lambert, M. J., & Forman, E. M. (2002). The psychotherapy dose-response effect and its implications for treatment delivery services. *Clinical Psychology: Science and Practice, 9,* 329-343.

Harlow, H. F. (1959). Love in infant monkeys. *Scientific American, 200,* 68-74.

Hartmann, K., & Levenson, H. (1995, June). *Case formulation and countertransference in time-limited dynamic psychotherapy.* Presentation at the annual meeting of the Society for Psychotherapy Research, Vancouver, British Columbia, Canada.

Heinonen, E., Lindfors, O., Härkänen, T., Virtala, E., Jääskeläinen, T., & Knekt, P. (2014). Therapists' professional and personal characteristics as predictors of working alliance in short-term and long-term psychotherapies. *Clinical Psychology & Psychotherapy, 21,* 475-494.

Heinonen, E., Lindfors, O., Laaksonen, M. A., & Knekt, P. (2012). Therapists' professional and personal characteristics as predictors of outcome in short- and long-term psychotherapy. *Journal of Affective Disorders, 138,* 301-312.

Henry, W. P., Schacht, T. E., & Strupp, H. H. (1990). Patient and therapist introject, interpersonal process, and differential psychotherapy outcome. *Journal of Consulting and Clinical Psychology, 58,* 768-774.

Henry, W. P., Schacht, T. E., Strupp, H. H., Butler, S. F., & Binder, J. L.

(1993a). Effects of training in time-limited dynamic psychotherapy: Mediators of therapists' responses to training. *Journal of Consulting and Clinical Psychology*, 61, 441-447.

Henry, W. P., Strupp, H. H., Butler, S. F., Schacht, T. E. & Binder, J. L. (1993b). Effects of training in time-limited dynamic psychotherapy: Changes in therapist behavior. *Journal of Consulting and Clinical Psychology*, 61, 434-440.

Hesse, E., Main, M., Abrams, K. Y., & Rifkin, A. (2003). Unresolved states regarding loss or abuse can have "second-generation" effects: Disorganization, role-inversion, and frightening ideation in the offspring of traumatized non-maltreating parents. In M. F. Solomon & D. J. Siegel (Eds.), *Healing trauma: Attachment, mind, body, brain* (pp. 57-106). New York, NY: Norton.

Hill, C. E. (2004). *Helping skills: Facilitating exploration, insight, and action* (2nd ed.). Washington, DC: American Psychological Association.

Hilliard, R. B., Henry, W. P., & Strupp, H. H. (2000). An interpersonal model of psychotherapy: Linking patient and therapist developmental history, therapeutic process, and types of outcome. *Journal of Consulting and Clinical Psychology*, 68, 125-133.

Hilsenroth, M. J. (2007). A programmatic study of short-term psychodynamic psychotherapy: Assessment, process, outcome, and training. *Psychotherapy Research*, 17, 31-45.

Hilsenroth, M. J., Ackerman, S. J., & Blagys, M. D. (2001). Evaluating the phase model of change during short-term psychodynamic psychotherapy. *Psychotherapy Research*, 11, 29-47.

Hilsenroth, M. J., Defffe, J. A., Blagys, M. D., & Ackerman, S. J. (2006). Effects of training in short-term psychodynamic psychotherapy: Changes in graduate clinician technique. *Psychotherapy Research*, 16, 293-305.

Hirsch, I. (1992). An interpersonal perspective: The analyst's unwitting participating in the patient's change. *Psychotherapy: Theory, Research & Practice*, 26, 290-295.

Hobbs, M. (2006). Short-term dynamic psychotherapy. In S. Bloch (Ed.), *An introduction to the psychotherapies* (4th ed., pp. 111-140). Melbourne, Australia: Oxford University Press.

Hoffman, I. Z. (1992). Some practical implications of a social-constructivist view of the psychoanalytic situation. *Psychoanalytic Dialogues*, 2, 287-304.

Hoglend, P. (2003). Long-term effects of brief dynamic psychotherapy.

Psychotherapy Research, 13, 271-292.

Holmes, J. (1993). *John Bowlby and attachment theory.* London, England: Routledge.

Horowitz, L., & Strack, S. (2010). *Handbook of interpersonal psychology.* New York, NY: Wiley.

Horowitz, L., & Vitkus, J. (1986). The interpersonal basis of psychiatric symptoms. *Clinical Psychology Review,* 6, 443-469.

Horowitz, M. J., & Marmar, C. R. (1984). *Personality styles and brief psychotherapy.* New York, NY: Basic Books.

Horvath, A. O., Del Re, A. C., Flückiger, C., & Symonds, D. (2011). Alliance in individual psychotherapy. *Psychotherapy*, 48, 9-16.

Howard, K. I., Kopta, S. M., Krause, M. S., & Orlinsky, D. E. (1986). The dose-effect relationship in psychotherapy. *American Psychologist*, 41, 159-164.

Howard, K. I., Lueger, R. J., Maling, M. S., & Martinovich, Z. (1993). A phase model of psychotherapy outcome: *Causal mediation of change. Journal of Consulting and Clinical Psychology,* 61, 678-685.

Hoyt, M. F. (1985). Therapist resistances to short-term dynamic psychotherapy. *Journal of the American Academy of Psychoanalysis,* 13, 93-112.

Iacoboni, M. (2008). *Mirroring people: The new science of how we connect to others.* New York, NY: Farrar, Straus, and Giroux.

Ivy, G. (2006). A method of teaching psychodynamic case formulation. *Psychotherapy: Theory, Research, Practice, Training,* 43, 322-336.

Johnson, M. E., Popp, C., Schacht, T. E., Mellon, J., & Strupp, H. H. (1989). Converging evidence for identification of recurrent relationship themes: Comparison of two methods. *Psychiatry: Interpersonal and Biological Processes,* 52, 275-288.

Johnson, S. (2004). *Creating connection: The practice of emotionally focused couples therapy* (2nd ed.). New York, NY: Brunner-Routledge.

Johnson, S., Bradley, B., Furrow, J., Lee, A., Palmer, G., Tilley, D., & Woolley, S. (2005). *Becoming an emotionally focused couple therapist: The workbook.* New York, NY: Brunner-Routledge.

Jones, E. (1955). *The life and work of Sigmund Freud* (Vol. 2). New York, NY: Basic Books.

Junkert-Tress, B., Schnierda, U., Hartkamp, N., Schmitz, N., & Tress, W. (2001). Effects of short-term dynamic psychotherapy for neurotic, somatoform, and personality disorders. *Psychotherapy Research,* 11, 187-200.

Jurist, E. L., & Meehan, K. B. (2008). Attachment, mentalization, and reflective functioning. In J. H. Obegi & E. Berant (Eds.), *Attachment theory and research in clinical work with adults* (pp. 71-93). New York, NY: Guilford Press.

Kadera, S. W., Lambert, M. J., & Andrews, A. A. (1996). How much therapy is really enough? *Journal of Psychotherapy Practice and Research*, 5, 132-151.

Karen, R. (1998). *Becoming attached: First relationships and how they shape our capacity to love.* New York, NY: Oxford University Press.

Kasper, L. B., Hill, C. E., & Kivlighan, D. M. (2008). Therapist immediacy in brief psychotherapy: Case study I. *Psychotherapy: Theory, Research, Practice, Training*, 45, 281-297.

Kiesler, D. J. (1982). Confronting the client-therapist relationship in psychotherapy. In J. C. Anchin & D. J. Kiesler (Eds.), *Handbook of interpersonal psychotherapy* (pp. 274-295). New York, NY: Pergamon Press.

Kiesler, D. J. (1988). *Therapeutic metacommunication: Therapist impact disclosure as feedback in psychotherapy.* Palo Alto, CA: Consulting Psychologists Press.

Kiesler, D. J. (1996). *Contemporary interpersonal theory and research.* New York, NY: Wiley.

Kivlighan, D. M., Jr. (1989). Changes in counselor intentions and response modes in client reactions and session evaluation after training. *Journal of Counseling Psychology*, 36, 471-476.

Kivlighan, D. M., Jr., & Schuetz, S. A. (1998). Counselor trainee achievement: Goal orientation and the acquisition of time-limited dynamic psychotherapy skills. *Journal of Counseling Psychology*, 45, 189-195.

Knekt, P., Lindfors, O., Härkänen, T., Välikoski, M., Virtala, E., Laaksonen, M. A., . . . the Helsinki Psychotherapy Study Group. (2008). Randomized trial on the effectiveness of long-and short-term psycho dynamic psychotherapy and solution-focused therapy on psychiatric symptoms during a 3-year follow-up. *Psychological Medicine*, 38, 689-703.

Kohlenberg, R. J., & Tsai, M. (1991). PAP: *Functional analytic psychotherapy.* New York, NY: Plenum.

Kopta, S. M., Howard, K. I., Lowry, J. L., & Beutler, L. E. (1994). Patterns of symptomatic recovery in psychotherapy. *Journal of Consulting and Clinical Psychology*, 62, 1009-1016.

Koss, M., & Shiang, J. (1994). Research on brief psychotherapy. In A. Bergin & S. Garfield (Eds.), *Handbook of psychotherapy and behavior change* (4th ed., pp.

664-700). New York, NY: Wiley.

Lambert, M. J. (Ed.). (2004). *Bergin and Garfield's Handbook of psychotherapy and behavior change* (5th ed.). New York, NY: Wiley.

Lambert, M. J. (2013). Introduction and historical overview. In M. J. Lambert (Ed.), *Bergin and Garfield's Handbook of psychotherapy and behavior change* (6th ed., pp. 3-20). Hoboken, NJ: Wiley.

Lane, R. D., Ryan, L., Nadel, L., & Greenberg, L. (2015). Memory reconsolidation, emotional arousal, and the process of change in psychotherapy: New insights from brain science. *Behavioral and Brain Sciences, 38*, 1-64.

LaRoche, M. J. (1999). Culture, transference, and countertransference among Latinos. *Psychotherapy: Theory, Research, Practice, Training, 36*, 389-397.

LaRue-Yalom, T., & Levenson, H. (2001, August). *Long-term outcome of training in time-limited dynamic psychotherapy.* Paper presented at the 109th Annual Convention of the American Psychological Association, San Francisco, CA.

Lazarus, R. S. (1991). *Emotion and adaptation.* New York, NY: Oxford University Press.

LeDoux, J. (1998). *The emotional brain: The mysterious underpinnings of emotional life.* New York, NY: Simon & Schuster.

Leichsenring, F., Leweke, F., Klein, S., & Steinert, C. (2015). The empirical status of psychodynamic psychotherapy—an update: Bambi's alive and kicking. *Psychotherapy and Psychosomatics*, 84, 129-148.

Leichsenring, F., Rabung, S., & Leibing, E. (2004). The efficacy of short-term psychodynamic psychotherapy in specific psychiatric disorders: A metaanalysis. *Archives of General Psychiatry, 61*, 1208-1216.

Levenson, H. (1995). *Time-limited dynamic psychotherapy: A guide to clinical practice.* New York, NY: Basic Books.

Levenson, H. (1999). Psychotherapy research. *Psychotherapy Bulletin, 33*, 47-50.

Levenson, H. (2003). Time-limited dynamic psychotherapy: An integrationist perspective. *Journal of Psychotherapy Integration, 13*, 300-333.

Levenson, H. (2017). Time-limited dynamic psychotherapy: An integrative approach. In M. Dewan, B. Steenbarger, & R. Greenberg (Eds.), *The art and science of brief psychotherapies: An illustrated guide* (3rd ed., pp. 195-238). Arlington, VA: American Psychiatric Publishing.

Levenson, H., & Bein, E. (1993, June). *VA short-term psychotherapy research project: Outcome.* Paper presented at the annual meeting of the Society for Psychotherapy Research, Pittsburgh, PA.

Levenson, H., & Bolter, K. (1988, August). *Short-term psychotherapy values and attitudes: Changes with training*. Paper presented at the American Psychological Association Convention, Atlanta, GA.

Levenson, H., & Burg, J. (2000). Training psychologists in the era of managed care. In K. A. Hersen & M. Hersen (Eds.), *A psychologist's proactive guide to managed mental health care* (pp. 113-140). Hillsdale, NJ: Erlbaum.

Levenson, H., & Butler, S. (1994). Brief psychodynamic individual psychotherapy. In R. Hales & J. Talbot (Eds.), *Textbook of psychiatry* (pp. 1009-1033). Washington, DC: American Psychiatric Press.

Levenson, H., Butler, S., & Bein, E. (2002). Brief psychodynamic individual psychotherapy. In R. Hales, S. C. Yudofsky, & J. Talbot (Eds.), *American Psychiatric Press textbook of psychiatry* (pp. 1133-1156). Washington, DC: American Psychiatric Press.

Levenson, H., Butler, S., Powers, T., & Beitman, B. (2002). *Concise guide to brief dynamic and interpersonal psychotherapy*. Washington, DC: American Psychiatric Press.

Levenson, H., & Davidovitz, D. (2000). Brief therapy prevalence and training: A national survey of psychologists. *Psychotherapy: Theory, Research, Practice, Training*, 37, 335-340.

Levenson, H., & Evans, S. A. (2000). The current state of brief therapy training in American Psychological Association accredited graduate and internship programs. *Professional Psychology, Research and Practice*, 31, 446-452.

Levenson, H., & Overstreet, D. (1993, June). *Long-term outcome with brief psychotherapy*. Paper presented at the annual meeting of Society for Psychotherapy Research, Pittsburgh, PA.

Levenson, H., & Strupp, H. H. (1999). Recommendations for the future of training in brief dynamic psychotherapy. *Journal of Clinical Psychology*, 55, 385-391.

Levenson, H., & Strupp, H. H. (2007). Cyclical maladaptive patterns: Case formulation in time-limited dynamic psychotherapy. In T. D. Eells (Ed.), *Handbook of psychotherapy case formulation* (2nd ed., pp. 164-197). New York, NY: Guilford Press.

Lewis, T., Amini, F., & Lannon, R. (2001). *A general theory of love*. New York, NY: Vintage Books.

Lilliengren, P., Johansson, R., Lindqvist, K., Mechler, J., & Andersson, G. (2016). Efficacy of experiential dynamic therapy for psychiatric conditions: A metaanalysis of randomized controlled trials. *Psychotherapy: Theory, Research &*

Practice, 53, 90-104.

Linehan, M. M. (1993). *Cognitive-behavioral treatment of borderline personality disorder.* New York, NY: Guilford Press.

Luborsky, L. (1984). *Principles of psychoanalytic psychotherapy: A manual for supportive-expressive treatment.* New York, NY: Basic Books.

Luxton, D. D., Nelson, E. L., & Maheu, M. M. (2016). *A practitioner's guide to telemental health: How to conduct legal, ethical, and evidenced-based telepractice.* Washington, DC: APA Press.

Main, M., Kaplan, N., & Cassidy, J. (1985). Security in infancy, childhood, and adulthood: A move to the level of representation. *Monographs of the Society for Research in Child Development*, 50, 66-104.

Malan, D. H. (1963). *A study of brief psychotherapy.* London, England: Tavistock.

Malan, D. H. (1976). *The frontier of brief psychotherapy.* New York, NY: Plenum.

Malan, D. H. (1980). The most important development in psychotherapy since the discovery of the unconscious. In J. Davanloo (Ed.), *Short-term dynamic psychotherapy* (pp. 13-23). New York, NY: Aronson.

Mann, J. (1973). *Time-limited psychotherapy.* Cambridge, MA: Harvard University Press.

Marmor, J. (1979). Short-term dynamic psychotherapy. *The American Journal of Psychiatry,* 136, 149-155.

Martin, D. J., Garske, J. P., & Davis, M. K. (2000). Relation of the therapeutic alliance with outcome and other variables: A meta-analytic review. *Journal of Consulting and Clinical Psychology,* 68, 438-450.

McCullough, L., Kuhn, N., Andrews, S., Kaplan, A., Wolf, J., & Hurley, C. L. (2003). *Treating affect phobia: A manual for short-term dynamic psychotherapy.* New York, NY: Guilford Press.

McCullough, L., & Magill, M. (2009). Affect-focused short-term dynamic therapy: Empirically supported strategies for resolving affect phobias. In R. A. Levy & J. S. Aboln (Eds.), *Handbook of evidence-based psychodynamic psychotherapy* (pp. 249-277). New York, NY: Humana Press.

Meltzoff, A. N., & Moore, M. K. (1977). Imitation of facial and manual gestures by human neonates. *Science,* 198, 75-78.

Menninger, K. (1958). *Theory of psychoanalytic technique.* New York, NY: Basic Books.

Messer, S. B. (1992). A critical examination of belief structures in integrative and eclectic psychotherapy. In J. C. Norcross & M. R. Goldfried (Eds.), *Handbook of psychotherapy integration* (pp. 130-165). New York, NY: Basic Books.

Messer, S. B., & Kaplan, A. H. (2004). Outcomes and factors related to efficacy of brief psychodynamic therapy. In D. P. Charman (Ed.), *Core processes in brief psychodynamic psychotherapy* (pp. 103-118). Mahwah, NJ: Erlbaum.

Messer, S. B., & Warren, C. S. (1995). *Models of brief psychodynamic therapy: A comparative approach.* New York, NY: Guilford Press.

Mikulincer, M., & Shaver, P. R. (2007). *Attachment in adulthood: Structure, dynamics, and change.* New York, NY: Guilford Press.

Mitchell, S. (1988). *Relational concepts in psychoanalysis: An integration.* Cambridge, MA: Harvard University Press.

Multon, K. D., Kivlighan, D. M., & Gold, P. B. (1996). Changes in counselor adherence over the course of training. *Journal of Counseling Psychology, 43,* 356-363.

Muran, J. C. (2001). A final note: Meditations on "both/and." In J. C. Muran (Ed.), *Self-relations in the psychotherapy process* (pp. 347-372). Washington, DC: American Psychological Association.

Muran, J. C., Safran, J. D., Gorman, B. S., Samstag, L. W., Eubanks-Carter, C., & Winston, A. (2009). The relationship of early alliance ruptures and their resolution to process and outcome in three time-limited psychotherapies for personality disorders. *Psychotherapy: Theory, Research, Practice, Training, 46,* 233-248.

Neborsky, R. J. (2006). Brain, mind, and dyadic change processes. *Journal of Clinical Psychology, 62,* 523-538.

Neff, W. L., Lambert, M., Lunnen, K. M., Budman, S. H., & Levenson, H. (1996). Therapists' attitudes toward short-term therapy: Changes with training. *Employee Assistance Quarterly, 11,* 67-77.

Nielsen, G., & Barth, K. (1991). Short-term anxiety-provoking psychotherapy. In P. Crits-Christoph & J. P. Barber (Eds.), *Handbook of short-term dynamic psychotherapy* (pp. 45-79). New York, NY: Basic Books.

Norcross, J. C. (Ed.). (2002). *Psychotherapy relationships that work.* New York, NY: Oxford University Press.

Obegi, J. H., & Berant, E. (2008). Introduction. In J. H. Obegi & E. Berant (Eds.), *Attachment theory and research in clinical work with adults* (pp. 1-14). New York, NY: Guilford Press.

Ogden, T. H. (1994). *Subjects of analysis.* Northvale, NJ: Aronson.

Ogrodniczuk, J. S. (2006). Men, women, and their outcome in psychotherapy.

Psychotherapy Research, 16, 453-462.

Olfson, M., & Pincus, H. A. (1994). Outpatient psychotherapy in the United States, II: Patterns of utilization. *The American Journal of Psychiatry*, 151, 1289-1294.

Overstreet, D. L. (1993). *Patient contribution to differential outcome in time-limited dynamic psychotherapy: An empirical analysis* (Unpublished doctoral dissertation). Berkeley, CA: Wright Institute.

Panksepp, J. (2016). The cross-mammalian neurophenomenology of primal emotional affects: From animal feelings to human therapeutics. *The Journal of Comparative Neurology,* 524, 1624-1635.

Patihis, L. (2015). Let's be skeptical about reconsolidation and emotional arousal in therapy [Rejoinder] . *Behavioral Brain Science*, 38, e21.

Peres, J., & Nasello, A. G. (2008). Psychotherapy and neuroscience: Towards closer integration. *International Journal of Psychology*, 43, 943-957.

Perry, S., Frances, A., Klar, H., & Clarkin, J. (1983). Selection criteria for individual dynamic psychotherapies. *Psychiatric Quarterly*, 55, 3-16.

Phillips, L. E. (1987). The ubiquitous decay curve: Delivery similarities in psychotherapy, medicine and addiction. *Professional Psychology: Research and Practice,* 18, 650-652.

Phillips, M. (2009). *Therapist-trainee attempts at alliance rupture repair in time-limited dynamic psychotherapy* (Unpublished doctoral dissertation). Antioch New England Graduate School, Keene, NH.

Pietromonaco, P. R., & Barrett, L. F. (2000). The internal working models concept: What do we really know about the self in relation to others? *Review of General Psychology,* 4, 155-175.

Pincus, A. L., & Ansell, E. B. (2003). Interpersonal theory of personality. In T. Millon & M. Lerner (Eds.), *Handbook of psychology: Vol. 5. Personality and social psychology* (pp. 209-229). New York, NY: Wiley.

Piper, W. E., Debbane, E. G., Bienvenu, J. P., & Garant, J. (1984). A comparative study of four forms of psychotherapy. *Journal of Consulting and Clinical Psychology,* 52, 268-279.

Piper, W. E., Ogrodniczuk, J. S., Joyce, A. S., McCallum, M., Rosie, J. S., O'Kelly, J. G. & Steinberg, P. I. (1999). Prediction of dropping out in time-limited, interpretive individual psychotherapy. *Psychotherapy: Theory, Research, Practice, Training,* 36, 114-122.

Pobuda, T., Crothers, L., Goldblum, P., Dilley, J. W., & Koopman, C. (2008).

Effects of time-limited dynamic psychotherapy on distress among HIV-seropositive men who have sex with men. *AIDS Patient Care and STDs, 22,* 561-567.

Poe, E. A. (2000). The purloined letter. In S. Levine & S. F. Levine (Eds.), *Thirty-two stories* (pp. 256-271). Indianapolis, IN: Hackett. (Original work published 1844)

Quintana, S. M., & Meara, N. M. (1990). Internalization of the therapeutic relationship in short term psychotherapy. *Journal of Counseling Psychology,* 37, 123-130.

Rachman, A. W. (1988). The rule of empathy: Sandor Ferenczi's pioneering contributions to the empathic method in psychoanalysis. *Journal of the American Academy of Psychoanalysis, 16,* 1-27.

Rank, O. (1936). *Will therapy* (J. Taft, Trans.). New York, NY: Knopf. (Original work published 1929)

Rau, R. (1989, February). *Length and stay in therapy: Myths and reality.* Paper presented at the annual convention of the California State Psychological Association, San Francisco, CA.

Rawson, P. (2005). *Handbook of short-term psychodynamic psychotherapy.* London, England: Karnac.

Rosso, G., Crespi, C., Martini, B., & Maina, G. (2009). Combining brief dynamic therapy with antidepressants in major depressive disorder. *Clinical Neuropsychiatry: Journal of Treatment Evaluation, 6,* 56-62.

Sadler, P., Ethier, N., & Woody, E. (2010). Complementarity in interpersonal relationships. In L. Horowitz & S. Strack (Eds.), *Handbook of interpersonal psychology* (pp. 123-142). New York, NY: Wiley.

Safran, J. D., & Muran, J. C. (2000). *Negotiating the therapeutic alliance: A relational treatment guide.* New York, NY: Guilford Press.

Safran, J. D., & Segal, Z. V. (1990). *Interpersonal process in cognitive therapy.* New York, NY: Basic Books.

Sampson, H., & Weiss, J. (1986). Testing hypotheses: The approach of the Mount Zion Psychotherapy Research Group. In L. S. Greenberg & N. M. Pinsof (Eds.), *The psychotherapeutic process: A research handbook* (pp. 591-613). New York, NY: Guilford Press.

Sanderson, W. C. (2002). Comment on Hansen et al.: Would the results be the same if patients were receiving an evidence-based treatment? *Clinical Psychology: Science and Practice*, 9, 350-352.

Sandler, J. (1976). Counter-transference and role-responsiveness. *International Review of Psycho-Analysis*, 3, 43-47.

Schacht, T. E. (1991). Can psychotherapy education advance psychotherapy integration? A view from the cognitive psychology of expertise. *Journal of Psychotherapy Integration*, 1, 305-319.

Schacht, T. E., Binder, J. L., & Strupp, H. H. (1984). The dynamic focus. In H. H. Strupp & J. L. Binder (Eds.), *Psychotherapy in a new key* (pp. 65-109). New York, NY: Basic Books.

Schön, D. A. (1983). *The reflective practitioner: How professionals think in action*. New York, NY: Basic Books.

Schore, A. N. (1994). *Affect regulation and the organization of self*. Hillsdale, NJ: Erlbaum.

Schore, A. N. (2003a). Affect regulation and the repair of the self. New York, NY: Norton.

Schore, A. N. (2003b). Early relational trauma, disorganized attachment, and the development of a predisposition to violence. In M. F. Solomon (Ed.), *Healing trauma: Attachment, mind, body, and brain* (pp. 107-167). New York, NY: Norton.

Schore, A. N. (2006, May/June). Right brain attachment dynamics: An essential mechanism of psychotherapy. *The California Psychologist*, 6-8.

Schore, A. N. (2009, August). *Paradigm shift: The right brain and the relational unconscious*. Presentation at the American Psychological Association Convention, Toronto, Ontario, Canada.

Seligman, M. E. (1995). The effectiveness of psychotherapy. *The Consumer Reports study. American Psychologist*, 50, 965-974.

Shapiro, D. A., Barkham, M., Rees, A., Hardy, G. E., Reynolds, S., & Startup, M. (1994). Effects of treatment duration and severity of depression on the effectiveness of cognitive-behavioral and psychodynamic-interpersonal psychotherapy. *Journal of Consulting and Clinical Psychology*, 62, 522-534.

Shapiro, D. A., Rees, A., Barkham, M., Hardy, G., Reynolds, S., & Startup, M. (1995). Effects of treatment duration and severity of depression on the maintenance of gains after cognitive-behavioral and psychodynamic-interpersonal psychotherapy. *Journal of Consulting and Clinical Psychology*, 63, 378-387.

Shaver, P. R., & Mikulincer, M. (2008). An overview of adult attachment theory. In J. H. Obegi & E. Berant (Eds.), *Attachment theory and research in clinical work with adults* (pp. 17-45). New York, NY: Guilford Press.

Siegel, D. J. (2006). An interpersonal neurobiology approach to psychotherapy. *Psychiatric Annals, 36*, 248-256.

Siegel, D. J. (2007). *The mindful brain.* New York, NY: Norton.

Siegel, D. J. (2012). *The developing mind: How relationships and the brain interact to shape who we are.* New York, NY: Guilford Press.

Siegel, D. J., & Hartzell, M. (2003). *Parenting from the inside out: How a deeper self-understanding can help you raise children who thrive.* New York, NY: Tardier/Putnam.

Sifneos, P. E. (1979/1987). *Short-term dynamic psychotherapy: Evaluation and technique.* New York, NY: Plenum.

Smith, J. D. (2012). A tapestry of red thread and emotional blueprints. *Psychodynamic Practice: Individuals, Groups and Organisations, 18*, 71-91.

Sroufe, L. A., & Waters, E. (1977). Attachment as an organizational construct. *Child Development, 48*, 1184-1199.

Sterba, R. (1951). A case of brief psychotherapy by Sigmund Freud. *Psychoanalytic Review, 38*, 75-80.

Stern, D. N. (2004). *The present moment: In psychotherapy and everyday life.* New York, NY: Norton.

Stern, D. N., Bruschweiler-Stern, N., Harrison, A. M., Lyons-Ruth, K., Morgan, A. C., Nahum, J. P., . . . Tronick, E. Z., & the Process of Change Study Group. (1998). The process of therapeutic change involving implicit knowledge: Some implications of developmental observations for adult psychotherapy. *Infant Mental Health Journal, 19*, 300-308.

Strupp, H. H. (1955a). An objective comparison of Rogerian and psychoanalytic techniques. *Journal of Consulting Psychology, 19*, 1-7.

Strupp, H. H. (1955b). The effect of the psychotherapist's personal analysis upon his techniques. *Journal of Consulting Psychology, 19*, 197-204.

Strupp, H. H. (1955c). Psychotherapeutic technique, professional affiliation, and experience level. *Journal of Consulting Psychology, 19*, 97-102.

Strupp, H. H. (1960). *Psychotherapists in action: Explorations of the therapist's contribution to the treatment process.* New York, NY: Grune & Stratton.

Strupp, H. H. (1980). Success and failure in time-limited psychotherapy. A systematic comparison of two cases: Comparison 1. *Archives of General Psychiatry, 37*, 595-603.

Strupp, H. H. & Binder, J. L. (1984). *Psychotherapy in a new key.* New York, NY: Basic Books.

Strupp, H. H., Schacht, T. E., Henry, W. P., & Binder, J. L. (1992). A case of premature termination. *Psychotherapy: Theory, Research, Practice, Training, 29*, 191-205.

Sue, D. W., & Sue, D. (2016). *Counseling the culturally diverse: Theory and practice* (7th ed.). Hoboken, NJ: Wiley.

Sue, S., Zane, N., & Young, K. (1994). Research on psychotherapy with culturally diverse populations. In A. E. Bergin & S. L. Garfield (Eds.), *Handbook of psychotherapy and behavior change* (4th ed., pp. 783-820). New York, NY: Wiley.

Sullivan, H. S. (1927). Affective experience in early schizophrenia. *The American Journal of Psychiatry, 83*, 467-483.

Sullivan, H. S. (1953). *The interpersonal theory of psychiatry.* New York, NY: Norton.

Sullivan, H. S. (1954). *The psychiatric interview.* New York, NY: Norton.

Swift, J. K., Callahan, J., & Levine, J. C. (2009). Using clinically significant change to identify premature termination. *Psychotherapy: Theory, Research, Practice, Training, 46*, 328-335.

Taft, J. (1958). *Otto Rank.* New York, NY: Julian Press.

Talley, P. F., Strupp, H. H., & Butler, S. F. (Eds.). (1994). *Psychotherapy, research, and practice.* New York, NY: Basic Books.

Thoma, N. C., & McKay, D. (Eds.). (2015). *Working with emotion in cognitive behavioral therapy: Techniques for clinical practice.* New York, NY: Guilford Press.

Tomkins, S. (1963). *Affect, imagery and consciousness: The negative affects* (Vol. 1). New York, NY: Springer.

Travis, L. A., Binder, J. L., Bliwise, N. G., & Horne-Moyer, H. L. (2001). Changes in clients' attachment styles over the course of time-limited dynamic psychotherapy. *Psychotherapy, 38*, 149-159.

Tronick, E. Z. (1989). Emotions and emotional communication in infants. *American Psychologist, 44*, 112-119.

Tronick, E. Z., Als, H., Adamson, L., Wise, S., & Brazelton, T. B. (1978). The infant's response to entrapment between contradictory messages in face-to-face interaction. *Journal of the American Academy of Child Psychiatry, 17*, 1-13.

VandenBos, G. R. (Ed.). (2007). *APA dictionary of psychology.* Washington, DC: American Psychological Association.

Van der Kolk, B. A., McFarlane, A., & Weisath, L. (1996). *Traumatic stress.* New York, NY: Guilford Press.

Wachtel, P. L. (1993). *Therapeutic communication.* New York, NY: Guilford Press.

Wachtel, P. L. (2008). *Relational theory and the practice of psychotherapy.* New York, NY: Guilford Press.

Walter, B. (1940). *Theme and variation.* New York, NY: Knopf.

Weiss, J. (1993). *How psychotherapy works.* New York, NY: Guilford.

Weiss, J., Sampson, H., & Mount Zion Psychotherapy Research Group. (1986). *The psychoanalytic process: Theory, clinical observations, and empirical research.* New York, NY: Guilford Press.

Weiss, P. A. (2010). Time-limited dynamic psychotherapy as a model for short-term inpatient groups. *Journal of Contemporary Psychotherapy, 40,* 41-49.

Welfel, E. R. (2004). The ethical challenges of brief therapy. In D. P. Chapman (Ed.), *Core processes in brief psychodynamic psychotherapy* (pp. 343-359). Mahwah, NJ: Erlbaum.

Westen, D., Novotny, C. M., & Thompson-Brenner, H. (2004). The empirical status of empirically supported psychotherapies. *Psychological Bulletin, 130,* 631-663.

Whelton, W. J. (2004). Emotional process in psychotherapy: Evidence across therapeutic modalities. *Clinical Psychology and Psychotherapy, 111,* 89-106.

Wierzbicki, M., & Pekarik, G. (1993). A meta-analysis of psychotherapy dropout. *Professional Psychology: Research and Practice, 24,* 190-195.

Wiggins, J. S. (1979). A psychological taxonomy of trait-descriptive terms: The interpersonal domain. *Journal of Personality and Social Psychology, 37,* 395-412.

Wolf, E. (1986). Discrepancies between analysand and analyst in experiencing the analysis. In A. Goldberg (Ed.), *Progress in self psychology* II. New York, NY: Guilford Press.

Wolstein, B. (1983). The pluralism of perspectives on counter-transference. *Contemporary Psychoanalysis, 19,* 506-521.

Yalom, I. D., & Leszcz, M. (2005). The theory and practice of group psychotherapy (5th ed.). New York, NY: Basic Books.

Zilcha-Mano, S., Dinger, U., McCarthy, K. S., & Barber, J. P. (2014). Does alliance predict symptoms throughout treatment, or is it the other way around? *Journal of Counseling and Clinical Psychology, 82,* 931-935.

作者简介

汉娜·利文森（Hanna Levenson），博士，作为一名临床医生、教师／培训师及研究者，40 年来一直专门研究短程心理治疗。她撰写的论文超过 75 篇，另外还撰写了 2 本著作：《短程动力与人际心理治疗简明指导》（2002）和《限时动力心理治疗：临床实践指导》（1995），后者被行为科学图书服务中心选为"每月一书"。她还有 4 部专业录像：《让每一次面谈都有价值》（1999）、《限时动力心理治疗》（2008）、《随时间推进的短程动力治疗》（2009），以及《限时动力心理治疗：综合的视角》（2017）。

2000 年，她成立了利文森培训学院，心理健康从业者可以在那里接受深入的培训并取得整合性聚焦治疗的证书。利文森博士是位于加利福尼亚州伯克利的莱特学院的心理学教授。1991 年至 2011 年，她担任位于旧金山的加利福尼亚太平洋医疗中心短程心理治疗项目的负责人；1979 年至 2000 年，她担任加利福尼亚大学医学院精神病学系的临床教授，同时也是旧金山老兵事务医疗中心短程心理治疗项目的负责人。

利文森博士的职业生涯反映了个人内部视角与关系视角、洞察与经验学习、临床实践与科学探究之间的辩证关系。她最初在克莱尔蒙特大学专门研究人格理论与社会心理学（获得博士学位，1972年），后来在位于科勒尔·盖博斯的佛罗里达大学再次接受临床心理学的培训，随后在兰利·波特学院（加利福尼亚大学，旧金山，医学院）担任实习医生。

除了教学与写作之外，她还在加利福尼亚奥克兰开办了一家私人诊所，同时她还是一名获得认证的情绪聚焦夫妻治疗的治疗师与督导师。利文森博士是美国心理学会的会员，同时也是第29分会（心理治疗促进会）、加利福尼亚心理学会、心理治疗研究协会、心理治疗整合探索协会，以及国际卓越情绪聚焦治疗中心的成员。2011年，加利福尼亚心理学会授予她心理学杰出贡献奖。

丛书主编简介

乔恩·卡尔森（Jon Carlson），心理学博士，教育学博士，美国专业心理学委员会成员，他是一位杰出的心理学教授，在州长州立大学从事心理咨询工作，也是一位就职于威斯康星州日内瓦湖的健康诊所的心理学家。卡尔森博士担任好几家期刊的编辑，其中包括《个体心理学杂志》和《家庭杂志》。他获得了家庭心理学和阿德勒心理学的学位证书。他发表的论文有 175 篇，出版图书 60 部，其中包括《幸福婚姻的 10 堂必修课》《阿德勒治疗》《包容性文化共情》《餐桌上的木乃伊》《失误的治疗》《改变了我的来访者》《他们最光辉的时刻》《治疗中的创造性突破》《被精神感动》《欺骗：心理治疗中的谎言和欺骗》《不再孤独》《50 分钟之外的帮助》《精神病理学与心理治疗》，以及《了解治疗大师的工作，成为一名治疗大师》。他与一些顶尖的专业治疗师和教育工作者一起制作了 300 多部专业录像和 DVD。2004 年，美国心理咨询学会称他是一个"活着的传说"。2009 年，美国心理学会（APA）心理治疗分会授予他"杰出心理学家"称号，以表彰他对心理治疗的终身贡献，2011 年，他获得了 APA 杰出教育和培训职业贡献奖。他还获得了其他 4 个专业组织的类似奖项。

马特·恩格拉 – 卡尔森（Matt Englar–Carlson），哲学博士，他是加利福尼亚州立大学富乐顿分校的心理咨询教授，也是美国心理学会第 51 分会的会员。作为一名学者、教师和临床医生，恩格拉 – 卡尔森博士一直是一位勇于创新的人，他在职业上一直充满激情地培训、教授临床医生更为有效地治疗其男性来访者。他的出版物达 30 多部，并在国内和国际上发表了 50 多篇演讲，其中大多数的关注焦点都是心理学培训和实践中的男性和男性气质，以及多样性问题。恩格拉 – 卡尔森博士与人合著了《与男性共处一室：治疗改变案例集》和《问题男孩的心理咨询：专业指导手册》，2010 年，APA 制作的 DVD《让男性参与心理治疗》对此进行了专题介绍。2007 年，男性心理研究学会提名他为年度最佳研究者。同时，他也是美国心理学会致力发展男性心理学实践指导方针工作小组的成员。作为一位临床医生，他在学校、社区、大学心理健康机构为儿童、成人以及家庭提供了广泛的治疗服务。

"鹿鸣心理·心理治疗丛书"书单

书名	作者	出版日期	定价
《家庭疗法》	威廉·多赫蒂，苏珊·麦克丹尼尔	2025 年 9 月	待定
《认知疗法》	基斯·S. 道布森	2025 年 9 月	45.00 元
《短程动力疗法》	汉娜·利文森	2025 年 8 月	45.00 元
《女性主义疗法》	劳拉·S. 布朗	2021 年 4 月	46.00 元
《认知行为疗法》	米歇尔·G. 克拉斯克	2021 年 4 月	49.00 元
《心理治疗基础：心理治疗是如何起作用的以及其他问题》	布鲁斯·E. 瓦姆波尔德	2020 年 8 月	42.00 元
《接纳承诺疗法》	史蒂文·C. 海斯，杰森·利利斯	2020 年 7 月	42.00 元
《叙事疗法》	斯蒂芬·马迪根	2017 年 4 月	46.00 元
《现实疗法》	罗伯特·E. 伍伯丁	2016 年 10 月	29.00 元
《行为疗法》	马丁·M. 安东尼	2016 年 10 月	32.00 元
《生涯咨询》	马可·L. 萨维科斯	2015 年 1 月	36.00 元
《人际关系疗法》	埃伦·弗兰克，杰西卡·C. 利文森	2015 年 1 月	29.00 元
《情绪聚集疗法》	莱斯利·S. 格林伯格	2015 年 1 月	29.00 元
《理性情绪行为疗法》	阿尔伯特·艾利斯，黛比·约菲·艾利斯	2015 年 1 月	29.00 元
《精神分析与精神分析疗法》	杰里米·D. 沙弗安	2015 年 1 月	29.00 元

图书在版编目（CIP）数据

短程动力疗法：原书第2版 / (美) 汉娜·利文森 (Hanna Levenson) 著；方红，林森译. —— 重庆：重庆大学出版社, 2025. 8. —— (心理治疗丛书). —— ISBN 978-7-5689-5476-1

Ⅰ. R749

中国国家版本馆CIP数据核字第2025226UB0号

短程动力疗法（原书第2版）

DUANCHENG DONGLI LIAOFA

［美］汉娜·利文森（Hanna Levenson） 著
方红 林森 译 郭本禹 审校

鹿鸣心理策划人：王 斌
责任编辑：姚 飞
责任校对：王 倩

重庆大学出版社出版发行
社址：（401331）重庆市沙坪坝区大学城西路21号
网址：http：//www.cqup.com.cn
印刷：重庆正文印务有限公司

开本：890mm×1240mm 1/32 印张：6.75 字数：145千
2025年8月第1版 2025年8月第1次印刷
ISBN 978-7-5689-5476-1 定价：45.00元

This Work was originally published in English under the title of

Brief Dynamic Therapy, *Second Edition*

as a publication of the American Psychological Association

in the United States of America.

Copyright©2017 by the

American Psychological Association (APA).

The Work has been translated and

republished in the Chinese Simplified language by

permission of the APA.

No part of this publication may be reproduced or

distributed in any form or

by any means or stored in any database or

retrieval system without prior permission of the APA.

版贸核渝字（2022）第245号